CB138108

Tarô Elo Cósmico

Alexandre Garzeri
Barbara Veneziani

Tarô Elo Cósmico

MADRAS®

© 2024, Madras Editora Ltda.

Editor:
Wagner Veneziani Costa (*in memoriam*)

Produção e Capa:
Equipe Técnica Madras

Revisão:
Ana Paula Luccisano

Dados Internacionais de Catalogação na Publicação (CIP)
(Câmara Brasileira do Livro, SP, Brasil)

Garzeri, Alexandre Tarô elo cósmico / Alexandre Garzeri, Bárbara Veneziani. -- 1. ed. -- São Paulo : Madras Editora, 2024.

ISBN 978-65-5620-096-5

1. Cartomancia 2. Cosmologia 3. Esoterismo - Tarô 4. Misticismo 5. Tarô - Cartas 6. Tarô - Uso terapêutico I. Veneziani, Bárbara. II. Título.
24-220988 CDD-133.3

Índices para catálogo sistemático:
1. Tarô : Esoterismo 133.3
Aline Graziele Benitez - Bibliotecária - CRB-1/3129

É proibida a reprodução total ou parcial desta obra, de qualquer forma ou por qualquer meio eletrônico, mecânico, inclusive por meio de processos xerográficos, incluindo ainda o uso da internet, sem a permissão expressa da Madras Editora, na pessoa de seu editor (Lei nº 9.610, de 19/2/1998).

Todos os direitos desta edição reservados pela

MADRAS EDITORA LTDA.
Rua Paulo Gonçalves, 88 — Santana
CEP: 02403-020 — São Paulo/SP
Tel.: (11) 2281-5555 - (11) 98128-7754
www.madras.com.br

Agradecimentos do "Alê"

Aos meus Pais, Oswaldo Walter Garzeri e Odete Coelho Garzeri, por terem me aceitado em seus Dharmas e permitido com que eu viesse a encarnar novamente. Por esse ato de Infinito Amor que tiveram para comigo, minha Eterna Gratidão. Se o presente livro que lhes é dedicado com Infinita Estima e Amor existe, é por conta da excelente Educação que sempre me deram e por incentivarem o gosto pela leitura.

Ao meu Querido e Bem-Amado Mestre Ascensionado, El Morya, *Chohan* do 1º Raio da Grande Fraternidade Branca e a todos(as) os(as) demais Excelsos(as) Mestres(as) da Alta Invisibilidade, por sua Grande Obra de Elevação da Consciência Planetária, a fim de que possamos almejar a Vitória da Ascensão.

Aos meus Irmãos de Tradição, especialmente os Maçons, Rosacruzes, Teósofos, Templários e Martinistas, por demonstrarem o real significado da palavra Fraternidade e por podermos nos ajoelhar abaixo da Abóbada Celestial, para reverenciar Os Sublimes Mistérios, morrendo e Renascendo a cada Iniciação.

Aos meus estimados Irmãos, Cunhadas e Sobrinhos da Augusta e Respeitável Loja Simbólica, "28 de Julho", nº 133, (GLESP) do Or∴ de São Caetano do Sul (SP). Vocês enaltecem o termo "*Família Espiritual*".

A todos os Sobrinhos da Ordem DeMolay, em especial aos membros do Capítulo, "Cavaleiros do Templo", nº 701, subordinado ao Supremo Conselho DeMolay Brasil e patrocinado pela A∴R∴L∴S∴, "28 de Julho", nº 133, minha Gratidão por vossa Sincera Fraternidade e Amizade para com o *Tio Alê*, que os considera *Sobrinhos/Filhos*.

Ao meu saudoso e estimado Irmão/Amigo, Wagner Veneziani Costa, Eterno Baluarte da Madras Editora, referência nacional na publicação de livros voltados às temáticas herméticas, esotéricas, filosóficas e religiosas, cujos tomos iluminam as prateleiras e as Vidas dos(as) Sinceros(as) Buscadores(as) Espirituais.

Às Artes Marciais do Karatê, Kung Fu, Qwan Ki Do e Aikido, que equilibram corpo, mente, coração e Alma, nos ensinando que não existe outro adversário a ser vencido, além daquele que vemos refletido no espelho todos os dias.

A todos(as) os (as) Amigos(as)/Alunos(as) para os(as) quais tive a Honra de lecionar sobre as mais diversas temáticas Esotéricas, nos últimos 38 anos da minha Vida. Vocês permitem que eu veja o quanto ainda me falta saber e lhes agradeço pela oportunidade que me dão de continuar estudando cada vez mais, a fim de poder ministrar-lhes aulas cada vez mais profundas em respeito à sua Sincera Busca.

E finalmente, a todos aqueles que buscam, porque com certeza algum dia acabarão encontrando...

Agradecimentos da Artista

Gostaria de agradecer e dedicar este projeto especial a toda minha família, neste e em outros planos.

Aos meus avós e à minha madrinha, que até hoje afagam meu coração, mesmo depois de muito tempo em outra dimensão. Ao meu pai, grande razão de tudo isso poder acontecer. Grande amor da minha vida, meu melhor amigo e minha maior saudade.

A todos os familiares que ainda estão aqui comigo, me dão forças e melhores momentos da mais genuína alegria.

À minha mãe, que é meu alicerce, a força da minha vida e razão do meu viver. E minha irmã, minha melhor amiga e companheira. Sem vocês duas, minha vida não teria sentido.

Ao meu grande parceiro neste projeto, Alexandre Garzeri, que aceitou de primeira e se dedicou ao máximo para torná-lo um dos melhores livros de tarô que vocês irão ler na vida! Agradeço imensamente por ter topado essa "ideia maluca" e repentina. Obrigada também por compartilhar sua sabedoria oracular tão vasta e profunda, nos ajudando na nossa missão de disseminar conhecimento.

Aos meus amigos que me apoiaram demais neste projeto, muita gratidão por ter vocês comigo nesta jornada. Todos são essenciais para mim. Amo vocês!

Uma dedicatória especial à minha grande amiga Bel ☆, que abriu meus caminhos no mundo do Tarô.

Índice

O Autor Fala sobre a Artista

Minha Sobrinha querida, Amiga/Artista, Barbara Veneziani, que desde menina eu chamo carinhosamente de "Bah" (com H para ela ter muita prosperidade), me surpreendeu ao me apresentar um belíssimo Tarô e me conceder a Honra de escrever sobre ele.

A Bah é realmente uma pessoa bárbara, de extrema sensibilidade artística, bom gosto, e que em meio a cores, traços e matizes harmonicamente pensados, honrou o mais conhecido dos Oráculos, O Tarô, como poucos o fizeram até hoje.

Por detrás dos Arcanos criados pela jovem Artista, podemos vislumbrar Mundos desconhecidos, Reinos Elementais, Dimensões paralelas fantásticas, e conhecer interessantes Personagens que nos iniciam nos Mistérios mais Tradicionais e profundos do Tarô, por meio de uma linguagem que é, ao mesmo tempo, contemporânea e Tradicional.

Juntamente à sua Irmã, Giovanna Veneziani, "Gigi", outra Sobrinha querida, e com minha estimada Cunhada, Sônia Veneziani Costa, o Legado do meu Irmão/Amigo, Wagner Veneziani continua mais vivo que nunca.

Que privilégio poder trabalhar com essa Família tão querida e com todos os Amigos da Madras Editora, que agora coloca essa bela Arte da Bah ao alcance dos Sinceros Buscadores, que têm um emblemático e icônico Tarô em respeito à sua Busca por seriedade nessa tão complexa temática Oracular.

Gratidão, Bah, por sua generosidade e talento compartilhados com este Tio aqui, que sinceramente espera ter concebido um texto à altura da sua Arte Oracular.

A palavra Tarô significa "Caminho" ou "Estrada Real da Vida", e que alegria poder peregrinar por essas Veredas Oraculares tendo uma Sobrinha/Amiga tão querida, como companheira nesta auspiciosa Jornada.

A Artista Fala sobre o Autor

Nosso querido autor, Alexandre Garzeri, me deu a difícil missão de escrever um pouco sobre ele. Difícil porque o conheço desde que era bem nova, ele era um grande amigo do meu pai e autor da Madras Editora. Nós nos encontrávamos em eventos, como a Bienal do Livro, e sempre o admirei por tudo que ele é e representa. Um supertio – como o chamo –, sendo irmão de Maçonaria do meu pai, que consegue falar com você desde histórias da Marvel até os mais profundos assuntos sobre esoterismo, misticismo, Ordens Secretas, Kabbalah e coisas que nem me atrevo a tentar dizer. Costumo afirmar que ele é uma enciclopédia humana, pode falar sobre todas as coisas existentes e não existentes do Universo, e todos param para ouvi-lo por horas, diante de toda essa sabedoria.

Não por acaso, ele é autor do livro: *Os Mistérios dos Arcanos: uma Jornada Iniciática pelas Lâminas do Tarô*, da Madras Editora, o qual indico a leitura para complementar e amplificar o conhecimento sobre os Arcanos.

Para vocês terem noção: ele é formado em Artes Cênicas pela Teatro Escola Macunaíma e em Design Gráfico pela Escola Panamericana de Arte e Design. Isso mostra que Alexandre também é um grande artista! Além de todo seu currículo como membro de ordens secretas, é também professor da Humaniversidade Holística há mais de 20 anos.

Como não admirá-lo?

Assim, encontrei o parceiro perfeito para este projeto, que no começo eu chamava de "loucura". Juntos, conseguimos equilibrar o tradicional e o contemporâneo neste lindo e mágico Tarô. Não tenho nem palavras para agradecer. Topou de primeira, sem nem mesmo ter visto as cartas e o prazo de entrega! Gratidão imensa e eterna a você, Tio Alê!

É uma grande Honra ter seu nome ao lado do meu na capa deste livro. E que este seja o primeiro de muitos!

Introdução

Ao longo das Eras, o quanto já se escreveu sobre o Tarô, desde sua remota origem egípcia até o presente momento, no qual, com certeza, não sou único a escrever sobre o Oráculo mais conhecido de todos os tempos.

O Tarô Elo Cósmico, sobre o qual versa o presente livro, é um Tarô extremamente diferente por incluir elementos contemporâneos em seu design, ao mesmo tempo que não descarta o que existe de mais Tradicional em matéria da simbologia correlata a este Oráculo.

Alguns Arcanos Maiores aparecem totalmente revitalizados com elementos da moderna Cultura Pop, enquanto os Arcanos Menores são representados por Quatro Reinos fantásticos, que contêm elementos extremamente Tradicionais, os quais conversam com diferentes Religiões, Filosofias de Vida e Sociedades Secretas, cujos Iniciados irão se identificar com alguns aspectos que foram citados para melhor descrever essas Lâminas Menores.

No tocante à História do Tarô, há muito ela já se perdeu na *Noite dos Tempos*, mas ainda é possível encontrarmos alguns fragmentos que, quando estudados em profundidade, pouco a pouco vão desvelando os degraus e as pedras sobre os quais devemos pisar, a fim de percorrermos essa *Estrada Real da Vida* com seriedade, respeito e visando, acima de tudo, ao Autoconhecimento.

Em meu primeiro livro lançado pela Madras Editora, *Os Mistérios dos Arcanos – Os Segredos do Eterno: uma Jornada Iniciática pelas Lâminas do Tarô*, o qual recomendo a leitura ao Amigo leitor, discorro profundamente sobre a História do Oráculo, estabelecendo relações entre as Culturas Egípcia, Judaica, Cigana e Chinesa. É um livro dedicado apenas aos Arcanos Maiores.

Já o presente livro que tem entre as mãos aborda os 78 Arcanos do Tarô, Maiores e Menores, sendo o resultado de aproximadamente 40 anos de reflexões, consultas, estudos, práticas mágic(K)as, aulas, *workshops* e conferências a respeito do tema.

O *Taro Elo Cósmico* é de uma universalidade que poucos Tarôs conseguem abranger, e os textos escritos sobre os Arcanos conversam tanto com os estudantes, que estão começando agora, como com Tarólogos já experientes, Ocultistas, Altos Adeptos e Franco-iniciados, que por serem acostumados à interpretação da *Sagrada Linguagem Simbólica*, irão se sentir à vontade ao contemplar nossas Lâminas.

Tanto o Autor como a Artista que concebeu o baralho esperam que todos tenham uma auspiciosa Jornada de Autoconhecimento e Elevação da Consciência, ao contemplarem os Arcanos e refletirem sobre os textos.

Um bom estudo a todos, excelentes reflexões e Iluminadas meditações. – A.G.

Arcanos Maiores

Arcano 0 – O Louco

A VISÃO
LOUCO: Quem tu és?

Eu Sou O Agora: O único Tempo Real. E Renasço neste "Presente Momento do Já" como A Criança da Promessa há muito tempo esperada que, juntamente contigo, deseja abrir mão de mais uma mera existência planejada.

Vou sair por aí em busca da mais Épica Aventura que posso conceder a mim mesmo como a Maior, a mais incerta e sincera de todas as Jornadas.

Não mais terei ilusórias certezas a respeito de nada, mas estarei aberto a todas as novas possibilidades, sempre pronto a lançar-me rumo ao Desconhecido, onde estão as Estradas coalhadas de riscos e Esperanças, que necessitam ainda serem trilhadas.

Como Criança Interior recentemente renascida e recuperada, vens engatinhar, andar, correr, dançar e saltar à beira do Abismo das novas oportunidades. E se te chamarem de Louco, respondes: "Realmente: Somente um Louco se lança de um precipício para conhecer sua profundidade, mas caso não o faça, jamais saberá Quem É de Verdade".

Viver é risco. Meramente existir é estar morto de tédio e esmagado pela rotina.

Quem não arrisca novas letras, palavras, sentenças, parágrafos e páginas inteiras em seu Livro das Sombras deixa de tornar-se, de sua Vida, O Protagonista: Deixa de registrar em seu Diário de Bordo, de dentro de si mesmo, Histórias épicas de Dimensões, Reinos e Mundos há muito esquecidos, na ousadia de um distante Sonho de Infância, que necessita agora ser recordado e revivido.

Não temas o Salto Quântico da Fé em direção ao Inexplorado da Vida, pois eu estarei contigo rumo à Magia, esta Arcana Arte capaz de transmutar radicalmente teu dia a dia.

Simples e sorridentemente fechas teus olhos...

... Deixas de enxergar e passas a Ver, com a Força da Imaginação, uma nova História para ti...

... Agora saltas e confias!

O DESPERTAR

Se O Louco saltou para dentro da sua consulta, este verdadeiro Coringa lhe sugere três possíveis rotas, a saber:

1. O Caminho do Abismo, que é o Salto da Coragem rumo ao desconhecido, em busca de uma Vida mais condizente com sua Real Natureza Divina e que faça mais sentido. Mesmo sem saber se encontrará um trapézio para agarrar em meio ao seu salto, ou se haverá uma rede para aparar sua queda, ainda assim, lançar-se ao amanhã incerto é melhor do que continuar repetindo os mesmos erros de sempre e se agarrar à ilusória segurança de pistas demasiadamente batidas;

2. O Caminho da Fé, que desvelará a verdadeira natureza deste Alquimista de Pensamentos, Palavras e Ações, que ao dar o passo em direção ao Grande Vazio começará a levitar pelos ares, ascendendo em espiral, por meio de uma Escada Invisível, que só vê aquele que tem a mais absoluta Fé, sem necessidade de explicações, postulados e teoremas. Em alguns momentos da nossa Vida, a Crença e a Esperança são as únicas coisas que não nos são tiradas e, se soubermos mantê-las, seremos capazes de assombrar a todos manifestando O Impossível;

3. O Caminho da Reflexão que nos leva, como O Louco, a prestar mais atenção em nossos instintos, Intuição e Percepção Ampliada – simbolizados pelo alegre "Pet" que lhe acompanha, um Amigo Fiel de todas as horas que pode, inclusive, alertá-lo dos perigos da Jornada e da ousadia desprovida de Respeito –, a fim de que possamos parar um instante à beira do Abismo que muitas vezes se torna nossas Vidas, aproveitando esta breve pausa para abrir a Misteriosa Mochila que O Louco porta, ousando

vencer nosso medo com relação ao que tem dentro dela, examinando-a profunda e minuciosamente. A Mochila representa nossa mente repleta de ideias obsoletas, pensamentos arcaicos e maneirismos já vencidos pelo Tempo, que necessitam ser superados, trocados por novas ideias, habilidades, novos e ousados projetos que nos permitam manifestar nosso Real Potencial Criativo Interior, chegando à realização pessoal e culminação da Felicidade: sem uma profunda autoanálise, isso é impossível.

Na fase de Vida que O Louco está a reger você, é sábio aplicar um pouco dos Três Caminhos mencionados, a fim de que possa ir, de forma lúdica, leve e suave, encontrando as respostas a questões e vicissitudes da existência, sem jamais perder a Jovialidade e o Humor.

Outras Relações Mági(K)As A Serem Pesquisadas Pelos Sinceros Buscadores

Na Árvore da Vida da Kabballah Hermética, O Louco é o Caminho de Aleph, que liga os Sephiroth Kether (A Origem de tudo) e Chokmah (A primeira atividade, no sentido da Manifestação).

Letra Hebraica: Aleph/Significado: Boi; Arado.
Elemento: Ar.

Mitologia/Religião/Panteões: Dioniso Íaco, *"O Nascido Duas Vezes"*, Aquele que representa a Iniciação, o segundo nascimento, depois que o Iniciando triunfa das Provas de sua Morte Simbólica e Renasce como o *Homo Novus* de Desejo, em Busca de sua Reintegração, de sua Divina Origem/ Harpócrates/Hórus, Filho de Ísis e de Osíris, *O Vingador* da morte de seu Pai nas mãos de seu tio invejoso, Set/The Green Man, *a própria personificação da Primavera*/Parsival, (Percivale) que representa a insensatez da juventude e a inocência que, por meio da Pureza, permitiu a esse Cavaleiro da Távola Redonda encontrar o Santo Graal.

Arcano 1 – O Mago

A VISÃO
MAGO, Quem tu és?

Eu Sou O Senhor do meu Destino (Dharma/Missão de Vida), pois como diria o célebre Ocultista Papus: *"O Mago é o Senhor do seu destino, porque seus conhecimentos são tão elevados, a ponto de ele poder conhecer a si mesmo, eliminar seus erros, regular sua Vida com base no Amor e no contínuo estudo dos problemas que afligem a humanidade, a fim de encontrar-lhes as soluções"*.

Sou Aquele que te traz a Consciência de que tu és muito maior do que a imagem que até hoje conseguistes fazer de ti mesmo. A questão é se tens a Coragem para acreditares em ti ou não.

A Magia é um ato de Ousadia que objetiva alterar a suposta realidade, na qual existimos. É a utilização da Imaginação consciente aliada à Vontade, ambas atuando no plano material para alterá-lo e romper de vez com os supostos limites de Tempo e de Espaço, que só são limites quando não os superamos pelos infinitos recursos presentes em nossa Consciência Superior.

Vontade Mági(K)a jamais deve ser confundida com capricho egoico, por meio do qual se visa unicamente à satisfação de certos desejos instintivos, efêmeros e transitórios, muitas vezes desprovidos de uma norma Moral Autêntica, sem a menor relação com o derradeiro objetivo do Mago: A Vitória da Ascensão, pela qual rompemos com a Roda de Samsara e libertamo-nos das limitações deste mundo e do nosso próprio invólucro carnal, esta coisa criada, muito diferente de nossa Essência Divinamente Emanada.

Autoconfiança, força, determinação, coragem, iniciativa, originalidade, pioneirismo, liderança, independência e ousadia são algumas das características do Mago, que é bom começar a desenvolver quando este Arcano aparece em uma consulta. No entanto, de nada valem todos estes atributos se eles não estiverem atrelados à Gnose, que só pode ser obtida sem que se queria possuí-la, para colocá-la a Serviço do próximo, depois que a tivermos aplicado em nós mesmos, após muitos anos de dedicação e de estudo da Arte Real, que permite a Manifestação da Grande Obra e de toda a sorte de Prodígios que o profano, não Iniciado nos Grandes Mistérios, chama de Milagre.

O DESPERTAR

Quando O Mago aparece na consulta advindo das Brumas do Tempo e de Avalon, devemos dar um primeiro passo em direção aos objetivos que almejamos e queremos ver cristalizados em nossa Vida.

A materialização dos nossos Sonhos e Visualizações Criativas não se dá num passe de mágica.

São necessários pioneirismo, opinião, coragem, determinação, autoconfiança, Fé inabalável, sagacidade, perspicácia, proficiência e esmero dedicado para o desenvolvimento dos nossos talentos e habilidades, quando iniciamos qualquer tipo de jornada. Quando houver Vontade, também existirá um Caminho para ser trilhado, mesmo que isso pareça impossível aos desprovidos de Fé, e Moisés – Alto Adepto e Iniciado nas Escolas de Mistérios do antigo Egito – nos provou disso.

É necessário Ser sincero, desejar profundo e ter iniciativa: isso sim é capaz de abalar o mundo e alterar a realidade.

Não se deve confundir Magia com Ilusionismo. E qual é a diferença?

Por mais belas que sejam as mágicas, por mais admirável que seja a habilidade do Ilusionista e sua rapidez na Arte da Ilusão e do Escapismo, mesmo assim, a mágica é sempre um truque. Mágicos são verdadeiros Artistas e gênios do entretenimento, que nos fazem acreditar em uma realidade mais mágica e de sonhos mais possivelmente realizáveis, nem que seja por algumas horas, enquanto dura o seu show, para subitamente desaparecerem por meio de algum artifício, ou alçapão secreto, deixando a plateia embasbacada.

Já a Magia não é um truque: A Magia é Real.

E todo aquele que já foi tocado pelo Sobrenatural que, vez ou outra, insiste em rasgar o tecido do que se convencionou chamar de "realidade", sabe o quando a Magia é Real e como o aparentemente impossível pode se tornar Possível e Manifesto diante dos nossos olhos, quando estamos diante de um Verdadeiro Adepto, Ocultista e Conhecedor das Ciências Ocultas.

O Ilusionista não ilude as pessoas para ludibriá-las ou lesá-las, mas para maravilhá-las e retirá-las por um tempo de suas vidas rotineiras, muitas vezes desprovidas de Sonhos. Justamente por isso o Ilusionismo é uma Arte tão nobre, por manter a Imaginação das pessoas avivada e uma porta de infinitas possibilidades aberta.

O Mago não se autoilude, pois se autoconhece, nem ilude ninguém por saber que as pessoas que o procuram precisam ser aliviadas de suas aflições e orientadas no tocante à Evolução de suas Consciências.

Fazendo levitar as quatro Armas Clássicas do ocultismo e da Magia diante de nós, a saber: o Bastão, a Taça, a Espada e o Pentáculo, O Mago tem algumas lições a nos ensinar sobre a ordem de prioridades que devemos estabelecer em nossa Vida, quando o Arcano se manifesta em uma consulta.

O Bastão representa o elemento Fogo e o Plano Espiritual, bem como as prioridades de ordem Iniciática e Transcendental relativas ao Autoconhecimento, à desenvoltura da Consciência e à transmutação dos nossos erros pregressos.

A Taça representa o elemento Água e o Plano Emocional, bem como as prioridades relativas ao nosso desenvolvimento emocional, por meio das relações humanas e, principalmente, do relacionamento que temos para conosco, em primeiro lugar. Na Taça, estão contidos tanto o Amor quando a paixão e, saber a diferença entre um sentimento e o outro é o que diferencia certos homens, verdadeiros Iluminados e Fiéis do Amor, daqueles que se perdem em seus vícios e paixões enganando a si mesmos, quando tentam ludibriar seu próximo e veem o Doce Elixir da Eternidade, deste o Santo Graal, se converter em um sútil veneno de letal amargor.

A Espada representa o elemento Ar e o Plano Mental. Nossa mente é como uma espada de dois gumes, que serve tanto para nos proteger como pode se voltar contra nós, quando não pautamos pelo Reto Pensar, pelo Reto Falar e pelo Reto Agir, ativando a Lei de Causa e Efeito. Devemos sempre apontar a Espada contra nosso próprio Coração, em vez de direcioná-la contra o nosso próximo, e procurarmos nos reparar e nos regenerar de nossos erros e imperfeições, caminhando sobre a Lâmina da Espada em uma Via Cardíaca, que nos possibilite a Reintegração ao Deus do nosso Coração e da nossa Compreensão.

Finalmente, o Pentáculo, ou Moeda de Ouro, representa o elemento Terra e o Plano Material. Simboliza todas as possíveis realizações e progresso neste nosso mundo fenomênico e a eficácia da Vontade, quando ela é dirigida para o Bem.

O Mago lhe apresenta suas Quatro Armas Mágic(K)as, a fim de que possa tomar Consciência de que uma Vida equilibrada necessita de estabilidade física, mental, emocional e espiritual.

Independentemente do plano pelo qual começou suas ações, é preciso iniciativa, originalidade e coragem para dar o Primeiro Passo, em meio a uma longa Jornada que está só começando.

Portanto, mãos à obra: Ouse pautado em Sabedoria, Amor e Verdadeira Vontade, e nada nem ninguém bloquearão seus caminhos, que se abrirão iluminados pela Santa Magia.

Outras Relações Mági(K)As A Serem Pesquisadas Pelos Sinceros Buscadores

Na Árvore da Vida da Kabballah Hermética, O Mago é o Caminho de Beth, que liga os Sephiroth Kether (A Fonte Pura e Unitária de todas as coisas) e Binah (O Grande Organizador de todos os Universos, Planos e Dimensões).

Letra Hebraica: Beth/Significado: Casa.
Astrologia: Mercúrio.

Mitologia/Religião/Panteões: Hermes Trismegisto, "*O Três Vezes Grande*", Luz Emblemática do Antigo Egito/ Hermes, "*O Mensageiro dos Deuses*"; na Grécia/Mercúrio, "*O Mensageiro dos Deuses*"; em Roma/Thoth, "*O Escriba e Mensageiro dos Deuses; Senhor da Magia, Grande Arquivista e Inventor da escrita hieroglífica*"; no Egito/Papa Legbá, "*Senhor das Encruzilhadas, Portador das Chaves, Aquele que tem o Poder de abrir, ou fechar, todos os Caminhos*", um dos Lwa mais respeitados no Voodoo/Hoodoo/Exu, "*O Guardião da Lei*", Orixá/Entidade honrada e extremamente respeitada nas Religiões Africanas ou de matriz Afro.

Arcano 2 – A Sacerdotisa

A VISÃO
SACERDOTISA, Quem tu és?

Eu Sou Aquela que espera pelo Iniciando e pelos Dignos Buscadores à entrada dos Templos e Santuários Hieráticos, para comunicar-lhes os segredos da Vida, da Natureza e do Universo.

Sob a Lua sempre tão misteriosa, eu oculto em minhas vestes, que representam a Dualidade presente no Todo, papiros, pergaminhos e grimórios Akáshicos legados aos Dignos de terem acesso à Sabedoria das Eras, Secreta Doutrina, que foge aos olhos e se cala aos ouvidos de uma curiosidade profana.

Falo e ensino mais com meu Silêncio do que pela Sagrada Palavra Verbalizada, pois de que adiantam as palavras em meio a um mundo no qual as pessoas nem bem escutaram o que acabamos de dizer, uma vez que estão mais preocupadas em responder?

Sou a Água com todos os seus atributos, desde a purificadora e consoladora lágrima silenciosa, passando pela livre fluidez da Intuição, até a Percepção Extrassensorial que não são "Dons", uma vez que todos vocês são Médiuns e Paranormais, em maior ou menor grau de sensibilidade, de acordo com o quanto se permitem evoluírem vossas Consciências.

Posso ser a Benzedeira, a Feiticeira, a Bruxa ou a Grande Sacerdotisa, "Mãe Virginal de todos os Mistérios." Tudo depende de como me vês, pois não desvelo meu Véu àqueles que, meramente, me enxergam.

Não estou dentro de um Círculo Mágic(K)o coalhado de sigilos, línguas mortas e símbolos arcanos. Nem porto o Bastão, a Taça, a Espada e o Pentáculo como faz O Mago, meu Companheiro de Senda Espiritual. Então, se Grande Sacerdotisa Eu Sou, onde estão minhas Armas Mágic(K)as?

Olha para o centro do meu peito: O que vês?

Esta Cruz sobre o meu Chacra Cardíaco, antes que tu a relaciones a qualquer Religião específica, quero te dizer que ela é muito mais antiga do que o entendimento que lhe dão nos credos destinados às massas. Ela representa as duas Vias Evolutivas, a Horizontal e a Vertical, não devendo o gênero humano buscar a Felicidade apenas nas coisas do mundo, ou se esquecendo dele para utilizar a Busca Espiritual como uma fuga da realidade: é no centro da Cruz, onde desabrocha a Rosa de Fogo, que o Ser deve buscar o equilíbrio entre a horizontalidade e a verticalidade em sua Vida.

A Cruz em meu Anahata Chakra representa que interiorizei todas as Armas Mágic(K)as, e residem em meu interior os Poderes do Fogo, da Água, do Ar e da Terra. Não necessito de objetos, pois como A Senhora da Magia, simplesmente abro o meu Coração e deixo fluir os Poderes como a monção de um rio para abençoar, curar, nutrir, purificar e alterar sutilmente a realidade, tão sutilmente que quando percebem já está feito e Transmutado.

Venho para te ensinar a ser como a Água. Diante dos desafios e os obstáculos da Jornada, se eles forem muito altos, aumentas de volume e passas por cima; ou humildemente mitigas a vazão, se infiltrando e fluindo por debaixo do entrave; se te bloquearem a esquerda, vais pela direita e vice-versa; como as ondas do mar, avanças e recuas de encontro às pedras do caminho, mas nunca perdes o contato com elas, pois não há pedra, por mais dura que seja, que o constante bater das águas não acabe por furar.

Nada pode me deter, pois quando te emocionas estou dentro de ti esperando, em Silêncio e serena expectativa, o momento que tu decidirás fechar teus olhos para me ver e comigo aprender.

O DESPERTAR

A Sacerdotisa, – que entre as muitas Faces do Sagrado Feminino pode se apresentar como A Senhora de Avalon – atravessou longos Éons vencendo os limites do Tempo e do Espaço; resistindo às trevas do obscurantismo e às chamas da intolerância religiosa para alcançar a sua Intuição e refinar sua Sensibilidade, com as quais terá que enfrentar os desafios que atualmente se apresentam para você.

Ela o convida a explorar os Mistérios da Vida, da Natureza e do Universo por meio da Iniciação, a fim de que encontre o seu equilíbrio entre as Colunas do Rigor e da Misericórdia, abandonando as atitudes extremistas e adotando o comedimento, a moderação, a diplomacia, a elegância e a contemplação, antes da ação, como suas estratégias em meio à atual fase da Vida pela qual está passando.

Não queira que todas as respostas venham a você de uma só vez, da mesma forma que não é o momento para se exibir aos olhos do mundo, caindo vítima das contradições dele.

Aprende a ouvir o sussurro da Sacerdotisa em meio ao Silêncio, que antecede a Sabedoria, pela qual se orienta a Vontade, até que possamos alterar nossa realidade com Ousadia.

Não dê confiança a lisonjas dos falsos e interesseiros, muito menos se impressione com exibições de falso poder e medíocre ostentação.

Com a Sacerdotisa a guiá-lo, você sabe que o Real Poder vem de dentro; compreende que o Silêncio fala mais alto, que qualquer argumentação desprovida de Educação e emudece aqueles que não tem Moral.

Agora é hora de convencer pela Diplomacia; comemorar as Vitórias com Elegância despretensiosa; e encantar a todos com uma Beleza que vem da Alma Iluminada à Luz da Lua que clareia, até mesmo, obscuridades de vidas pregressas e permite com que você reivindique seus Poderes Internos, colocando a Intuição acima da consciência meramente objetiva.

Outras Relações Mági(K)As A Serem Pesquisadas Pelos Sinceros Buscadores

Na Árvore da Vida da Kabballah Hermética, O Sacerdotisa é o Caminho de Gimel, que liga os Sephiroth Kether (Tudo o que existe; A Inspiração daquilo que ainda não existe) e Tipareth (A Visão da Harmonia de todas as coisas).

Letra Hebraica: Gimel/Significado: Camelo.
Astrologia: Lua.

Mitologia/Religião/Panteões: Perséfone, filha de Deméter, esposa de Hades e Rainha do Submundo/Ísis, esposa de Osíris, mãe de Hórus, "*A Restauradora das Almas*", "*Mãe de todos os Faraós*", "*Senhora da Magia e da Sabedoria*", entre outros inúmeros atributos desta que sempre foi uma das Deusas mais veneradas e reverenciadas, não apenas no antigo Egito, mas também por outros povos, chegando sua influência até os dias atuais, sendo Ísis honrada e estudada, hoje, em diversas Fraternidades Herméticas, Sociedades Secretas e Ordens Iniciáticas/Uma vez que o Caminho da Sacerdotisa cruza por sobre a Sephirah Oculta de Daath (O Abismo), sendo esta travessia perigosa e cheia de riscos, isto nos remete ao poema "A Noite Escura da Alma", escrito pelo poeta e místico espanhol cristão, San Juan de La Cruz/Nut, Deusa egípcia pertencente a Enéade primordial, de Heliópolis, responsável pelos Mitos da Criação; Nut é a Deusa do céu que se arqueia sobre a terra, com seu corpo coalhado das estrelas da noite e seus membros a tocar o solo, estabelecendo os quatro Pontos Cardeais. Às vezes, Nut era retratada engolindo, em outras, era retratada dando à Luz o Sol. Como recebia os mortos para novamente lhes dar à Luz, Nut está associada à Iniciação/Yemanjá, "*A Senhora e Rainha do Mar*", cuja Sabedoria é oceânica, sendo profundos os seus Mistérios; Yemanjá É Mãe acalentadora que ampara todos(as) seus(suas) filhos(as) com seu Infinito Amor, mas também pode ser disciplinadora, pois o Mar que abraça e acolhe também tem suas tempestades, tormentas e redemoinhos que servem para forjar os bons marinheiros, que não se criam em águas calmas. É justamente por isso que diz a canção:

"*... O pescador que conhece*
as histórias do lugar
morre de medo e vontade
de encontrar Yemanjá

Yemanjá, Odoiá
Odoiá, Rainha do Mar
Yemanjá, Odoiá
Odoiá, Rainha do Mar"

(Música "Caminhos do Mar", de Dorival Caymmi)

Arcano 3 – A Imperatriz

A VISÃO
IMPERATRIZ, Quem tu és?

Eu Sou Aquela que te olha diretamente nos olhos para dizer-te que é hora de encarar a Vida.

Sentada em meu trono em meio à Natureza que faço renascer a cada Primavera, Eu Sou o centro do meu Império como um Sol a brilhar, tendo os trigos dourados ao meu redor, como raios de Sol, a refletir minha Luz que acalenta, acolhe, ampara e alimenta todos(as) os(as) meus(minhas) Filhos(as) espalhados(as) pelo mundo.

Como a "*Mãe de todos os Grãos*", conheço os segredos da terra da qual tudo brota, cresce e se desenvolve para depois voltar novamente a mim, faço tudo renascer mais uma vez, mas sempre com novas técnicas, criatividade e engenhos, consonante com a inteligência humana que os cria a cada nova geração.

Sagrado é o Fruto do Meu Ventre, como Sagrada é A Grande Deusa, Mãe e Senhora de todas as coisas vivas, que viveram e ainda viverão. Sagrada é a Mulher desde a Aurora dos Tempos, por acompanhar a Natureza em todos os seus Ciclos, que garantem a continuidade da Vida. Quem quiser saber Quem Eu Sou no Drama da Sagrada Natividade, da Criança da Promessa, O Filho da Luz, que É a Própria "*Luz do Mundo*", que busque no Apocalipse de São João, Capítulo 12, e encontrará a resposta.

Meus Filhos e Filhas, renovai todas as coisas, pois herdaram de mim a criatividade, a inteligência, a perspicácia, a jovialidade, o Dom da Palavra, o otimismo e a alegria de Viver.

Eu conduzo meu Império com Amor, pois não há Poder Maior nesses Universos visíveis, ou invisíveis; manifestados ou ainda por se manifestar.

Não sou temida: Sou respeitada, amada, conhecida e até mesmo venerada, para muito além dos limites do meu Império. Quem constrói seu pseudopoder sobre o alicerce do temor e coloca seus súditos sob constante opressão, constrói sobre areia e verá seu Império ruir mais cedo ou mais tarde, pois o medo nada de bom edifica. Somente o Amor sustenta e consolida as boas e nobres obras, destinadas a se perpetuar para muito além da Eternidade.

O DESPERTAR

Se tem a honra de receber A Imperatriz em sua consulta, se alegre, pois Ela veio de muito longe, veio lá do seu Império, atravessando Eras e Espaços Infinitos, para ajudar a edificar seus projetos com base na criatividade, na expressão, na comunicação e na inteligência que deve aplicar agora para gerar uma nova fase em sua Vida.

Muita gente não triunfa nesta existência, pois não sabe como se expressar adequadamente com propriedade, proficiência, boa didática, oratória e competência. Isto se aprende com excelentes cursos à disposição no mercado hoje em dia. A Imperatriz traz a vontade de estudar, aprender novas línguas e formas inovadoras de expressão e comunicação.

Para ser bem-sucedido, se faz mister aprender com nossa Grande Mãe, Deusa e Senhora, pois ninguém é alguém sozinho. Estabelecer parcerias com pessoas de mesma tônica vibracional que a nossa; convidar os associados e parceiros para participar tanto dos lucros como do nosso sucesso; e liderar pelo Exemplo, Generosidade, Virtude e Amor – jamais pela estúpida tirania agressiva – são as Chaves do Sucesso que a Imperatriz coloca nas mãos daqueles(as) que A recebem em uma consulta e têm a Coragem para encarar a Vida, a fim de que se possa realizar o Destino (Dharma/Missão de Vida) escolhido pela própria pessoa antes de encarnar.

A nutrição e a infinidade de recursos da Imperatriz permitem não apenas a saciedade das necessidades materiais, mas também o saciar da mente, sempre ávida por informações atualizadas; o saciar do coração, que reside no Amor-Próprio, uma vez que ninguém pode dar ao próximo o que não tem para si mesmo; e o saciar da própria Alma, quando se tem Consciência de que, em verdade, já dispomos de todos os recursos para a manifestação do que almejamos criar de novo em nossas Vidas, quando nos reconhecemos como Uma Divina Essência e andamos de mãos dadas com nossa Sagrada Mãe, Que nunca nos falta quando suplicamos: "*Rogai por nós, Filhos e Filhas de(a) Deus/ Deusa...*".

Outras Relações Mági(K)As A Serem Pesquisadas Pelos Sinceros Buscadores

Na Árvore da Vida da Kabballah Hermética, A Imperatriz é o Caminho de Daleth, que liga os Sephiroth Binah (A Alegre Mãe Fértil, mas, quando necessário, A Mãe Disciplinadora) e Chokmah (O Pai Celestial).

Letra Hebraica: Daleth/Significado: Porta.
Astrologia: Vênus.

Mitologia/Religião/Panteões: Deméter, para os gregos, "*Deusa da Agricultura, Protetora das plantações e da Fertilidade dos grãos*"/Ceres, para os romanos, "*Deusa das plantas que brotam e dos grãos, associada ao Amor Maternal*"/ Nas Religiões Africanas, ou de Matriz Afro, Oxum É "*A Rainha das Águas Doces, Dona dos Rios e Cachoeiras*"; Oxum é uma mulher graciosa e elegante, com predileção por joias, perfumes e roupas, a carregar sempre seu espelho na mão; "*Oxum, Orixá da Beleza, do Amor e da Fertilidade*", "*Protetora dos fetos e crianças recém-nascidas*" e adorada pelas mulheres que almejam serem abençoadas com a Natividade.

Arcano 4 – O Imperador

A VISÃO
IMPERADOR, Quem tu és?

Sentado em meu Trono Pétreo de ângulos retos, Eu Sou Aquele cujos súditos acreditam no valor do Trabalho árduo e cultuam as Virtudes do Reto Pensar, do Reto Falar e do Reto Agir.

Muitos se espantam ao me verem sentado ao ar livre, fora de um palácio suntuoso, no qual meu Trono deveria estar sobre um estrado, que se atingiria subindo muitos degraus e rodeado de cortesãos bajuladores, além de toda sorte de mimos e confortos.

É justamente porque nunca me deixei iludir por essas frivolidades que cheguei aonde cheguei e Sou O Imperador do Mundo, não apenas de alguns Reinos.

Lisonjas, bajulações e puxa-saquismo deixo para os que gostam de se autoiludir com falsidades, e gastar seu tempo e energia com esse tipo de coisa: "*Tenho mais o que fazer: Trabalhar, Conquistar e Progredir*".

Eu construo sobre a rocha sólida, sendo meticuloso em cada detalhe da construção de cada torre, que se eleva em cada castelo do meu Império. Este trabalho é lento e moroso, podendo levar o dobro do tempo para se atingir as conquistas que almejo, mas uma vez atingidas com diligência, meu Sucesso se mostra inabalável.

A Educação no meu Império não é uma teoria: É uma Realidade construída a partir de cada Família, que envia para as escolas Filhos(as) bem-educados e respeitosos com a Hierarquia e com as autoridades constituídas, muito mais por sua Moral do que pela concessão de cargos àqueles que não os merecem, e só querem se servir deles por interesse próprio e pela projeção de seus egos e vaidades.

O Ensino de Qualidade em meu Império não é um projeto eleitoreiro, muito menos uma doutrinação ideológica, que mantém as pessoas presas aos grilhões do analfabetismo acadêmico e Espiritual: A Educação, em nosso caso, liberta e forja Livres-Pensadores, aptos à análise crítica de cada situação, que constroem seus Destinos e uma sociedade mais justa, livre de doutrinações e partidarismos.

Não me canso de trabalhar, de plantar, de colher e de compartilhar os melhores frutos de cada região do meu Império, dos quais são dignos de receber sua parte aqueles(as) que fizeram por onde e têm Méritos para pleitear a Colheita, depois de trabalharem arduamente no plantio e em todas as etapas e cuidados subsequentes a ele.

Atrás de mim não avistas nenhum castelo, torre, reino ou fortaleza, apesar de todos existirem: Vislumbras uma imponente encosta, Muralha Natural, que alguns definem como uma Montanha emblemática, apenas atestando que meu Real Poder em harmonia com a Natureza está edificado sobre uma base sólida, que Honra as Forças do Fogo, da Água, do Ar e da Terra.

Para além da construção do Reino que é deste mundo (plano material), fazem-se necessários o Fortalecimento da Mente, por meio da concentração; a Abertura do Coração, por intermédio do Amor e do Serviço ao próximo; e a Iluminação da Alma, pela Fé Verdadeira, cuja Presença do Deus da tua compreensão Flameja como uma Sarça Ardente em teu interior, afastando-te do fanatismo, da ignorância e das trevas do obscurantismo.

O DESPERTAR

Caso O Imperador fez de você um súdito, estando presente em sua consulta, alegre-se, pois além de seus conselhos sobre a edificação de metas, objetivos e estratégias de Trabalho, o quarto Arcano representa Um Protetor Espiritual que mantém longe tanto os inimigos quanto as más intenções deles.

Na fase de Vida regida pelo Imperador, tudo o que se faça e que se almeje deve ser estabelecido e desenvolvido sobre os seguintes Princípios e Regras:

1. Base Sólida: Um verdadeiro alicerce de informações, estudos, fatos e dados, antes de se começar qualquer projeto;
2. Planejamento e Constância: O estabelecimento de uma estratégia e a manutenção dela até o atingir do objetivo ou, pelo

menos, das sucessivas metas que se fazem necessárias antes do sucesso final;

3. Foco, Concentração e Disciplina: Um escudo contra o desânimo e contra a leviandade de ficar saltando de um objetivo a outro, sem nunca concluir nada de concreto;

4. Paciência: A consciência de que nenhum Império foi construído do dia para a noite e de que se faz necessário compreender que a Vida, a Natureza e o Universo têm seu próprio Ritmo, junto à certeza de que a Colheita sempre vem tanto para quem planta quanto para quem não labuta, sendo drasticamente diferentes os resultados;

5. Caráter, Moral e Ética: Verdadeiros cimentos que devem ser utilizados para integrar nossos Sonhos à Realização deles, a fim de que nunca nos envergonhemos de nossas conquistas por falta de Integridade;

6. Comedimento e Conduta: Atitude Correta não ostensiva, Generosidade, Humildade e Gratidão quando do momento de nossas Conquistas e Vitórias.

No tocante ao fato de as relações humanas sejam corporativas ou de afeto, O Imperador reveste seus(suas) Filhos(as) com o Manto da Dignidade e do Respeito à Individualidade de cada pessoa envolvida no relacionamento ou na parceria.

Com relação ao Autoconhecimento e à Busca Espiritual, Deus só Se Associa àqueles(as) que emanam uma tônica vibracional pessoal condizente com a Essência Divina, que Habita em seus interiores. Quem quer contar com Deus ao seu lado, bem como com outros Aliados Espirituais, que se comporte mais como Essência Divina Emanada e menos como egoica coisa humana criada.

Outras Relações Mági(K)As A Serem Pesquisadas Pelos Sinceros Buscadores

Na Árvore da Vida da Kabballah Hermética, O Imperador é o Caminho de Heh, que liga os Sephiroth Chokmah (A Sabedoria, O Pai Celestial) e Tipareth (A Beleza; Deus, O Filho).

Letra Hebraica: Heh/Significado: Janela.
Astrologia: Áries.

Mitologia/Religião/Panteões: O Carneiro, cuja cabeça em forma de aríete simboliza o signo de Áries, não pode ser analisado tão somente como um cordeiro sacrificial. Quando deixado livre em meio à natureza, O Carneiro é um animal bravio, valente e até temível quando provocado/O Deus romano, Júpiter, "*Deus do Trovão, do Céu e do Dia*", "*Avô de Rômulo e Remo, fundadores de Roma*", "*Rei de Todos(as) Os(As) Deuses(as) Romanos(as)*"/O Deus grego, Zeus, "*Deus do Relâmpago, dos Raios e dos Céus*", "*Aquele que mantêm a Ordem e a Justiça, na Mitologia grega*", "*O Todo-Poderoso entre Os(As) Deuses(as) do Olimpo*", "*Pai dos(as) Deuses(as) Afrodite, Hélios, Ares, Ártemis, Atena, Dionísio e vários outros*"/O Deus egípcio, Amon, "*Deus da Fertilidade, Deus da Guerra e Deus Onipresente*", "*O Deus Oculto*", como Amon-Rá, É "*O Deus Sol que Dá a Vida*", "*Aquele que não só Criou o mundo, como também Criou a si mesmo*"/Ogum, "*Orixá do Ferro, do Aço, da Coragem, da Guerra e da Tecnologia*", "*O Protetor, Vencedor de Batalhas, que Quebra todas as demandas e não folga, nem se coaduna, com a injustiça e a traição*", "*Ogum descobriu os Segredos do Ferro, da Forja e da Agricultura e os compartilhou com os seres humanos, o que mudou a humanidade para sempre, fazendo com que ela progredisse como nunca se viu.*"

Arcano 5 – O Hierofante

A VISÃO

HIEROFANTE, Quem tu és?

Eu Sou o Mestre Supremo dos Mistérios Maiores e estou presente em todas as Religiões, Filosofias de Vida e Tradições Hermético/Esotéricas/Iniciáticas, tanto neste planeta como nos Mundos Além.

Posso ser o Papa, o Rabino, o Sheik, o Dalai-lama, o Babalorixá, o *Houngan*, o Sumo Sacerdote, o Grão-Mestre, o Mahatma, o Manu, o Avatar e muitas outras denominações atribuídas às mais diversas lideranças religiosas, filosóficas e iniciáticas, pois, hoje em dia, são praticamente incontáveis os muitos Caminhos que levam a Deus/Deusa, como infinitas são as estrelas do firmamento.

Meu contato com a Gnose é pleno, direto e absoluto, e o lego aos Sinceros Buscadores que vêm ter comigo nos Santuários dos Mistérios e Cenáculos da Tradição, também me buscando como seu Mestre Interno no *Sanctum Sanctorum* de seus Corações.

Desce sobre meu Sahasrara Chakra a Luz Que Vem do Alto, que irradio com gratidão por poder ser um humilde Canal a iluminar todos os Peregrinos em suas Jornadas pelos Caminhos Sagrados da Terra: Santiago de Compostela; Roma; Jerusalém; Meca; Varanasi; Monte Kailash; Monte Shasta; Santuário Nacional de Nossa Senhora Aparecida; Lourdes; Fátima e tantas outras Vias Sagradas, onde o que importa não é o fim do caminho, mas O Caminho em si.

Minhas vestes em branco, azul e vermelho refletem algumas qualidades importantes ao Buscador Espiritual: Pureza, Boa Vontade, Fé e Paz.

Meus discípulos estão cingidos por vestes dourada e azul, o da direita; enquanto o da esquerda veste dourado e vermelho. Pelo tom Áureo de suas roupas, indica que são Buscadores da Sabedoria. Já o azul e o vermelho são associados aos Gêmeos

Espirituais, desde as Civilizações Iniciadas mais primordiais que habitaram a Terra, com suas raças de poderes incríveis, sobre-humanos, sendo essas duas cores alusivas às Bodas Alquímicas de Christian Rozenkreuz, bem como aos tons com os quais alguns gênios da Renascença frequentemente pintavam as vestes de Jesus – O Cristo e de Maria Madalena –, em suas mensagens subliminares.

Com minha mão direita aberta, faço um Mudra associado a Paz, o mesmo que era feito pelos sábios e filósofos que se sentavam à esquerda do Imperador, na antiga China. Já minha mão esquerda sustenta a Cruz Papal ou *Cruz Tripla dos Povos do Ocidente*, como indicativo de que Deus/Deusa Age nos planos Espiritual, Mental/Emocional e Físico.

Executando meu Mudra Oriental e sustentando a Cruz Ocidental, propago o Real Espírito Cavaleiresco que prega uma união entre o Oriente e o Ocidente, respeitando-se a individualidade de ambos, mas compartilhando Cultura, Ciência, Filosofia, Arte e Espiritualidade, a fim de que o mundo possa crescer como um Todo harmônico e pacífico, sem lugar para a intolerância religiosa, para o obscurantismo, para a superstição e para o fanatismo, sendo este último a religião dos ignorantes.

O DESPERTAR

Se o Hierofante se manifestou na sua consulta para abençoá-lo(a) e iluminá-lo(a), é hora de se voltar para a amplitude dos estudos, nas mais diversas áreas.

O compartilhar de ideias e a troca de informações técnicas, acadêmicas e Espirituais é uma das maiores dádivas deste Arcano.

O Hierofante nos traz a consciência de que somos todos Professores e alunos, Mestres e discípulos. Ensinar é mostrar o quanto ainda não sabemos e o muito que nos falta aprender; o que nos compete é fazer isto com extrema humildade, uma vez que a Gnose serve para maravilhar, nunca para humilhar as pessoas.

Quando ensinamos algo a alguém, somos nós que devemos agradecer a oportunidade que nos é dada de compartilhar a Sabedoria, a fim de que possamos continuar recebendo-a, num fluxo ininterrupto de Evolução de Consciência no qual todos saem ganhando: Somente perdemos quando deixamos de aprender, quando não sabemos ouvir e quando não compartilhamos generosamente o que sabemos.

Desde informações simples e rudimentares, destinadas a resolver as demandas do cotidiano, até Inspirações Epifânicas que nos permitem um significativo Salto Quântico de Consciência, todo tipo de conhecimento, de Sabedoria e de Gnose merece ser reverenciado e legado tal e qual o recebemos, a fim de que todos possam dispor da originalidade da Tradição quando ela é legada como um precioso tesouro.

Conhecimentos e informações só se convertem em Sabedoria que amplia a Consciência quando eles são praticados. Estudos aplicados na prática deixam de ser matéria teórica que corre o risco de ser esquecida e se tornam parte integrante do Praticante, que se torna um verdadeiro Portador da Gnose: Este é o Mestre que vale a pena ser seguido, pois Vive o que ensina, após ter se tornado o Aprendiz do próprio Saber e de tudo aquilo que desconhecia, ainda que esta Oculta Filosofia Vivesse em seu Interior esperando o momento do Despertar, que chega com a presença iluminada do Hierofante em uma consulta.

Outras Relações Mági(K)As A Serem Pesquisadas Pelos Sinceros Buscadores

Na Árvore da Vida da Kabballah Hermética, O Hierofante é o Caminho de Vau, que liga os Sephiroth Chesed (Misericórdia) e Chokmah (Sabedoria).

Letra Hebraica: Vau/Significado: Prego ou Gancho.
Astrologia: Touro.

Mitologia/Religião/Panteões: O Caminho do Hierofante é a Estrada Celeste que conduz à "*Jerusalém Celestial*"/O Hierofante é o Pontífice, palavra que ver de *Pontifex*, "*O Construtor de Pontes*", cuja função em nossa

Jornada Espiritual é proporcionar uma ligação entre nossas experiências exteriores, com a Iluminação Interior/Moisés – Moshe, "retirado (isto é, salvo)" das águas – Profeta, Legislador e Juiz; "*O Iluminado do Sinai*", que recebeu as Tábuas da Lei e libertou o povo de Israel da casa da escravidão (Egito); Rei Salomão, que de tudo que podia ter pedido a Deus, pediu somente A Sabedoria e foi agraciado por Iahweh com senso de Justiça além do comum, riquezas infinitas e a Honra de edificar O Templo, destinado a abrigar a Arca da Aliança/Mestre Jesus – O Cristo, na figura de "*O Bom Pastor*", pelo Qual é possível à Reintegração da nossa Essência Divina ao Deus Emanador, quando permitimos que nosso Santo Ser Crístico seja O Caminho por meio do qual ascenderemos a esta condição, tão logo tenha se cumprido nossa Vitória da Ascensão.

Arcano 6 – Os Enamorados/ O Enamorado

A VISÃO
ENAMORADO, Quem tu és?

Ainda que tu vejas um casal, Eu Sou um só: Eu Sou aquele que ama a si mesmo em primeiro lugar, antes de procurar o Amor no próximo.

Sei que a Verdadeira União só pode existir quando mesmo unido a alguém preservo a minha Individualidade, encontro o outro dentro de mim e, então, estou pronto para ir ao encontro do meu parceiro, respeitando também sua Individualidade. Esta postura não admite "metades de laranjas", pois uma pessoa buscando sua "metade", mesmo que a encontre, será uma meia pessoa e as duas unidas não conseguirão constituir um Relacionamento Saudável por inteiro, pois onde há subserviência e dependência de alguém para ser Feliz, o Amor foi excluído da relação.

Estou em meio a este verdadeiro Jardim do Éden repaginado, distante de todo e qualquer tipo de ideia de pecado original, culpa, vergonha ou medo de me deixar consumir pela Chama do Amor, e renascer das cinzas de passadas e pesadas paixões, como uma livre Fênix de voo livre e altaneiro, pois o Romance Ideal liberta, não restringe, nem impõe condições: Amor é a Liberdade de escolher Ser Feliz.

Como Enamorado, escolho o Direito de Amar e Ser amado Incondicionalmente, me enamorando de mim mesmo. E tu: O que escolhes?

******

Se você pudesse escolher a arte original do Arcano do Enamorado, aposto que adoraria vê-los ver sem as camisetas. A Artista Bah Veneziani também me mostrou a opção deste lindo casal sem as camisetas, com seus corpos se tocando livremente, e tivemos que fazer uma escolha: com camisetas ou nus com as mãos no bolso e em muitos outros lugares? Então, escolhemos deixar o casal com suas camisetas.

Que chato, diriam alguns. Já outros, como talvez você mesmo, como este é um Tarô para quem sabe Ver e não apenas enxergar, usaram a Força da Imaginação para decifrar estes corpos por debaixo das camisetas brancas, cor que reafirma a Sacralidade do Amor e do sexo, sendo a camiseta um signo emblemático da Juventude, cronológica e de Alma, que não se deixa prender, nem censurar, simplesmente Ama até na singela intensidade de um olhar.

Quem Ama a si mesmo não tem medo de fazer escolhas na Vida. É aconselhado por seu Anjo da Guarda, impulsionado pela flecha do Cupido, ou inspirado por Eros a sussurrar em seu ouvido.

Escolhas sempre baseado em teu Coração e uma vez feita a escolha jamais te arrependas e entregando-te completamente ao processo de transformação e aos Caminhos que se abrirão, simplesmente porque ousaste escolher, colocas o Amor em tudo que fizeres, planejares ou edificares: Esta é a melhor receita para não falhar, nem frustrar-te nunca, independentemente dos resultados.

O DESPERTAR

Caso O Enamorado tenha aparecido no seu jogo, é a hora de tomar decisões e fazer escolhas que respeitem sua Real Natureza Divina.

Quando escolhemos algo, ou alguém, sempre deixaremos para trás alguma coisa que foi preterida, pelos menos momentaneamente. Necessitamos, então, ir adiante com nossas escolhas, até chegarmos aos objetivos almejados ou resultados decorrentes da postura pela qual optamos.

Concluídos nossos projetos, se acharmos conveniente, sempre podemos voltar às opções que deixamos para trás, caso elas ainda se encontrem disponíveis, e decidir escolher novamente, até mesmo um novo curso de ação, no qual começaremos a trilhar uma nova estrada. Viver é escolher, assumir riscos e ter a maturidade para lidarmos com os efeitos das nossas causas, sem jamais delegar a responsabilidade do que ocorre em nossa vida a nada, nem a ninguém.

Muitos se perguntariam: Mas se eu escolher com o meu Coração e não conseguir atingir o resultado almejado, o que eu farei? A quem culparei?

Não culpará nem responsabilizará alguma circunstância, ou alguém, que não seja você mesmo.

Não ser bem-sucedido também faz parte do processo de Evolução, o que não quer dizer que cometemos algum erro. E mesmo que tivéssemos cometido, mil vezes errar com base em uma escolha nascida em nossos Corações, do que falhar tendo ouvido conselheiros improvisados de última hora, aos quais nunca devemos confiar nossos problemas, muito menos dividir o curso de ação que pretendemos tomar.

Em alguns momentos, não poderemos mais postergar, ou adiar, decisões que já deveriam ter sido tomadas há muito tempo. É um respeito que devemos a nós mesmos: decidir sair de cima do muro, antes que sejamos forçados a pular para um dos lados dele e correr o risco de cair justamente no tipo de situação, relacionamento ou circunstância que estávamos tentando evitar. Este é o risco que se corre quando vacilamos, não decidimos e ficamos esperando que algo aconteça, como se não tivéssemos responsabilidade por tudo o que nos acontece a partir do momento em que estamos encarnados e somos a única Força Motriz Causal das nossas existências.

Quem Vive plenamente não espera por mudanças: a pessoa é a própria Mudança que espera ver manifestada em sua existência, a fim de que, por meio de decisões acertadas, deixe de meramente existir e sobreviver, passando a Viver uma Vida Plena de Amor-Próprio, que se expandirá como uma chama, fazendo com que sejamos amados e possamos estabelecer firmes parcerias com aqueles que também Amam a si mesmos.

Muitos acreditam que o Arcano do Enamorado tem relação unicamente com decisões associadas ao Amor, às paixões e aos relacionamentos afetivos, mas isto é um engano. O Enamorado, em matéria de escolhas e tomadas de decisões, está relacionado às mais diversas áreas da Vida de um ser humano. Para auxiliar um pouco a tomada de decisões acertadas com este Arcano em consulta, eis aqui algumas dicas gerais:

O Enamorado, quando atuando na Área Profissional, pede que a pessoa opte sempre por ocupações que lhe tragam satisfação e realização pessoal por meio da profissão, ou atividade, que se exerce. Caso não esteja feliz em seu emprego, é hora de reconsiderar, procurar dar um *upgrade* em sua carreira, por meio de cursos de especialização ou, até mesmo, mudar totalmente de atividade em busca de satisfação pessoal e uma melhor Qualidade de Vida. Se o mercado de trabalho estiver difícil, uma boa opção é investir em si mesmo e abrir seu próprio caminho, começando seu próprio negócio de forma moderada e orientado por acessórias competentes, de modo que aquilo que muitas vezes começou como um *hobby*, se levado a sério e com profissionalismo, acabe se convertendo na grande oportunidade que estava buscando para atingir a satisfação pessoal, por intermédio da atividade realizada.

Já quando O Enamorado atua em nosso Mental, a melhor escolha a ser feita é liberar espaço em nossas mentes, nos libertando de ideias arcaicas, pensamentos obsoletos e modos de ver a nós mesmos e ao mundo que ficaram relegados a uma época que não existe mais. A mente necessita transformar informações teóricas em prática e compartilhar suas ideias com outras mentes, pois quando ensinamos também aprendemos e se abre espaço em nosso Plano Mental, a fim de que possamos aprender coisas novas. Uma mente estressada, sobrecarregada e repleta de informações inúteis é incapaz de ser original e criativa, muito menos de abrigar a Sabedoria, que jamais deve ser confundia com acúmulo de informações.

No tocante ao Emocional e às relações humanas, O Enamorado propõe relacionamentos saudáveis que começam com o relacionar-se consigo mesmo por meio do Autoconhecimento. Quem se autoconhece e se valoriza jamais aceita qualquer tipo de relacionamento abusivo, opressor ou tóxico. As relações devem enaltecer e dignificar os envolvidos nelas, deixando de lado a insegurança e a autodepreciação que leva ao ciúme, ao sentimento de posse e a toda espécie de apegos doentios e condições que não têm a menor relação com o verdadeiro sentido da palavra Amor. Caso esteja sufocado em algum tipo de relacionamento tóxico, O

Enamorado chegou para dizer que é um excelente momento de pular fora e começar a amar mais a si mesmo.

No aspecto Espiritual, O Enamorado pede que busquemos nos enamorar do Deus da nossa compreensão e do nosso Coração, reconhecendo-nos como uma Essência Divina. Busque Religiões, Filosofias de Vida e Fraternidades Herméticas que não se considerem "a verdade suprema", sejam inclusivas e respeitem todas as formas de Credos e de Crenças, como Caminhos que levam a Deus/Deusa, uma vez que todas as Sendas do Sagrado têm Origem Divina e cabe a cada Buscador analisar qual Via corresponde melhor aos anseios evolutivos da sua Consciência, em sua presente encarnação.

Tudo o que seduz é um Caminho: Fundamental é o Peregrino consultar seu Coração antes de dar o primeiro passo.

Outras Relações Mági(K)As A Serem Pesquisadas Pelos Sinceros Buscadores

Na Árvore da Vida da Kabballah Hermética, O Enamorado é o Caminho de Zain, que liga os Sephiroth Binah (Compreensão) e Tipareth (Beleza).

Letra Hebraica: Zain/Significado: Espada ou Armadura.
Astrologia: Gêmeos.

Mitologia/Religião/Panteões: Desde a expulsão de Adão e Eva do Paraíso, o gênero humano busca encontrar uma forma de retornar ao Jardim do Éden, a fim de que possa Reintegrar sua Essência – a Centelha Divina que existe dentro de todos nós – à sua Origem Divina. Essa Reintegração só é possível quando chegamos a um nível de harmonização da Dualidade existente em todos nós, por meio de um Casamento Alquímico entre o nosso Sol e a nossa Lua Interiores.

É justamente sobre isso que versam tanto as Religiões como a Poesia e também a Arte, ao mencionarem Os Casais, em Verdade, Gêmeos Solares, desde a Aurora dos Tempos: Os Gêmeos Solares de Atlântida/Adão e Eva, no Jardim do Éden/ Akhenaton e Nefertiti, o Casal Revolucionário do antigo Egito/ Jesus – O Cristo – e Maria Madalena/Rei Arthur e Lady Guinevere/O cântico de louvor, "*Irmão Sol, Irmã Lua*", um tributo de agradecimento a todas as criaturas que São Francisco de Assis considerava Irmãos e Irmãs, um conceito à frente de sua época por reconhecer visionariamente que todas as coisas e todos os Seres são, em Verdade, uma só coisa, um só Ser/*Romeu e Julieta*, de Shakespeare, Dramaturgo, Poeta e Ator emblemático e referencial para o Teatro, até nossos dias atuais.

Arcano 7 – O Carro

A VISÃO
CARRO, Quem tu és?

Eu Sou o *Merkabah*, "A Carruagem de Fogo" da Visão do Profeta Ezequiel, no Antigo Testamento, que vislumbrou o aparecimento de "Quatro Criaturas Vivas". Cada uma tinha quatro faces: a de um Leão, a de um Homem Alado, a de uma Águia e a de um Touro – que no Novo Testamento são associadas aos Evangelhos de Marcos (o Leão); Mateus (o Homem Alado); João (a Águia); e Lucas (o Touro). Na Visão de Ezequiel, ao lado de cada Criatura havia uma Roda e quando as Criaturas se moviam, as Rodas também eram deslocadas, transportando O Trono de Deus, que era sustentado acima de uma Abóbada Resplandecente, apoiada sobre as Quatro Criaturas.

Como Sétimo Arcano oculto toda esta Epifânica Visão Profética, a deixando para o tipo de Estudante Sincero do Tarô que gosta de se aprofundar no estudo das Lâminas.

Ainda que não vejas as Quatro Criaturas ao redor do Carro, conduzido por uma bravia Amazona, não quer dizer que ela não esteja lá operando como uma Oculta Influência que fará com que nossa heroína triunfe, avance e progrida em sua Vida, superando todos os desafios encontrados nos campos de batalha.

Ocultas também estão as rédeas que deveriam controlar o movimento dos animais, evitando com que cada um siga seus instintos em diferentes direções, o que poderia fazer a Amazona perder o controle de seu veículo, colidir e sofrer um grave acidente.

Nossa Vida é o próprio Carro.

Onde estão as rédeas da nossa Vida? Realmente estamos no controle de alguma coisa? Existe algum "*Manual/Cartilha de Uso da Vida*", que acompanha o Novo Modelo do Encarnado, quando chegamos à Terra?

As rédeas ausentes do Carro indicam que ele é controlado pela Mente, da mesma forma que tudo o que se sucede em nossas Vidas é oriundo dos nossos pensamentos, antes mesmo que se manifestem nossas palavras e nossas ações.

Quem procura ter o Reto Pensar, do qual derivam O Reto Falar e o Reto Agir, conduz sua Vida com mais retidão, equilíbrio e harmonia, atraindo para ela Vias desimpedidas de tráfego inconveniente e não condizente com sua tônica vibracional positiva, ética e Moral. Alguém assim triunfa sempre, conta com Aliados Poderosos, visíveis e Invisíveis e, avança vitoriosamente rumo ao progresso nas mais diversas áreas da Vida.

Eu Sou O Carro e venho para desvelar-te um segredo: Tu tens o controle da tua Vida enquanto não encarnas, e estás determinando teu Dharma, tua Missão, em tua futura encarnação. A partir do momento em que tu encarnas, cai sobre ti o *Véu do Esquecimento* e não te lembras mais de quem és, de onde vieste e para onde irás. Então, começas a vagar de encarnação em encarnação, procurando ter o controle de uma existência que te parece indomável e realmente é, por não ter a menor relação com a Vida Real que escolheste para ti antes de encarnares. Somente quando Despertas por meio do Autoconhecimento e da Iniciação, deixas de trafegar por estradas estranhas e alheias a tua Real Natureza Divina, e passas a trafegar pela Via escolhida por ti, na qual eventos, circunstâncias e situações felizes ocorrem de forma natural e numa Perfeita Sincronicidade, a qual os não Despertos denominam "coincidência". Compreendes, finalmente, que não precisas controlar nada quando controlas a ti mesmo, e que tudo já está escrito: *Maktub.* E teu Destino foi escrito por ti mesmo antes de chegares aqui. Portanto, abre mão de todo e qualquer tipo de controle ilusório relativo a circunstâncias externas, vidas alheias e causas que não iniciaste e te concentras em teu Interior, mantendo limpo e puro o foco das tuas emoções e dos teus pensamentos, então verás tua Vida avançar e progredir em todos os aspectos, áreas e Planos.

O DESPERTAR

Se a bravia, empoderada e forte Amazona conduziu O Carro até a sua consulta, é hora de saltar corajosamente sobre ele e assumir conscientemente sua Missão de Vida.

Progresso, triunfo, vitórias e conquistas o aguardam quando decide realizar o Propósito para o qual veio em sua presente encarnação. Descobri-lo não é uma tarefa fácil, mas quando O Carro, de tempos em tempos, concede-lhe a oportunidade de progredir, regendo fases em sua existência, não deve deixar os cavalos passarem selados à sua frente sem nada fazer.

O Carro é o anúncio de uma fase de mudanças e progressos rápidos em nossa existência, a fim de que ela passe a ser Vida Plena. Mesmo que não conheçamos a totalidade do caminho, nem saibamos ao certo o que iremos encontrar ao final do percurso, O Carro é sinônimo de proteção para as novas empreitadas, como se estivéssemos cobertos por um Dossel de benéficas Forças Astrais, iluminado pela Luz que Vem do Alto. Então, o que nos cabe fazer é visualizar claramente em nossa Mente nossos objetivos, metas e ideais, convidando a Providência Divina para participar dos nossos projetos e invocar O Santo Nome do(a) Deus(a) do nosso Coração, antes de darmos o primeiro passo rumo à meta almejada.

A Amazona conduz dois belíssimos corcéis, forças antagônicas, mas que se submetem à autoridade da condutora e convergem para o centro da estrada se mantendo no percurso. Da mesma forma, ao ter harmonizado os antagonismos dentro de si no Arcano anterior do Enamorado, deve manter agora o foco e a concentração indissipável em seu objetivo, ora dando rédeas ao Rigor, ora dando rédeas à Misericórdia, nomes pelos quais atendem os dois corcéis. Dessa forma, o equilíbrio, o balanço e a velocidade constante do Carro, uma metáfora para sua Vida, são mantidos por sua sagacidade, perspicácia, raciocínio rápido e resiliência, características apresentadas pela habilidosa Amazona na condução do seu veículo.

Todos nós temos um Dharma, uma Lenda Pessoal, um Destino e uma História a ser escrita em cada encarnação. O Carro nos dá a oportunidade de vivenciarmos nossa Missão, ainda mais quando, por meio dos nossos Poderes Mentais e capacidade de Visualização Criativa, resolvemos moldar em nossa Tela Mental um objetivo e delegá-lo com Gratidão às Forças Astrais da Alta Invisibilidade, a fim de que por meio desta parceria estabelecida entre a Coragem para realizar o trabalho Árduo e as Bênçãos do Altíssimo, comecemos a ver a cristalização do que bem pouco tempo atrás era apenas um sonho: A hora do Despertar e Realizar chegou a galope, trazida pelo Carro.

Outras Relações Mági(K)As A Serem Pesquisadas Pelos Sinceros Buscadores

Na Árvore da Vida da Kabballah Hermética, O Carro é o Caminho de Chet, que liga os Sephiroth Binah (Compreensão) e Geburah (Força/Rigor).

Letra Hebraica: Chet/Significado: Cerca, Cercado.
Astrologia: Câncer.

Mitologia/Religião/Panteões: A palavra *Merkabah*, quando analisada à luz dos antigos ensinamentos egípcios, é composta por três partes, a saber: *Mer* = Luz; *Ka* = Alma; *Bah* = Corpo. "Mer" foi um princípio muito conhecido no Egito antigo, principalmente durante o reinado do Faraó Akhenaton, que substituiu todos(as) os(as) Deuses(as) pelo culto ao Deus Único, Aton, do qual emanava uma Poderosa Luz advinda do Alto; "Ka" se referia à Alma de uma pessoa; e "Bah" seria o invólucro carnal, o corpo físico ou *corpo de barro*, que é o veículo pelo qual a Alma experimenta a realidade física, por meio da encarnação./Na Geometria Sagrada, o *Merkabah* é representado por dois tetraedros que se cruzam e giram em direções opostas, gerando um campo de energia tridimensional. Por intermédio de técnicas de visualização, meditação e respiração, presentes nas Escolas de Mistérios e ensinadas entre os Iniciados, é possível gerar este campo energético ao redor do próprio corpo, como uma forma de proteção e como um veículo que permite ao seu condutor conhecer diferentes níveis, planos e dimensões, desvelando os Mistérios deles pelo transporte da Consciência até essas Esferas Superiores./No Judaísmo, o *Merkabah* ou "*Trono ou Carro de Deus*" é uma Tradição Místico-judaica que, quando compreendida e aplicada, permite com que o Buscador tenha acesso a diferentes Câmaras ou Palácios Celestiais. Isto teria sido feito não só pelo profeta Ezequiel, o que explica como ele obteve suas visões, mas também por outros profetas e figuras importantes da Bíblia, tanto no Antigo como no Novo Testamento. Ao longo dos tempos, os Kabballístas desenvolveram técnicas para utilizar o *Merkabah* como um ponto focal para a meditação, também agregaram o emprego de certos Nomes Sagrados e Secretos de Deus, que permitem viajar entre os Planos e dimensões em segurança.

Arcano 8 – A Justiça

A VISÃO
JUSTIÇA, Quem tu és?

Eu posso ser Atena, Têmis, Palas Atena, Minerva, Maat e muitas outras Deusas que encarnam os valores de Justiça, coragem, estratégia e incorruptibilidade. Mas me apresento nesta Visão como Iansã, e porto todas as Virtudes citadas, sendo conhecida como "*Mãe do Céu Rosado*" ou "*Mãe do Entardecer*", modo pelo qual Xangô, O Orixá da Justiça, costuma me chamar por me considerar tão radiante como o céu do ocaso, tingido por tons de vermelho-fogo, laranja, amarelo e rosado.

Minha Justiça é implacável e rápida como o raio, por isso Sou associada às batalhas, sendo eu A Senhora dos trovões, dos ventos e das tempestades. Que ninguém se engane, pois num mundo corrompido, às vezes, a Guerra antecede a Paz: "*Si vis pacem, para bellum*" ("se quer paz, prepare-se para a guerra").

Estou cingida por vestes brancas, imaculadas e radiantes, tal e qual a alvura imaculada dos meus raios quando eles rasgam os céus, simbolizando que a Justiça não é coisa que se macula, que se inverte ou que se distorce. Além do branco, dependendo da Tradição e das diversas formas de culto das Religiões Africanas, também me apresento com vestes vermelhas, rosadas, de tonalidades que mesclam o salmão, o alaranjado, o amarelo, podendo chegar até o marrom.

Na mão direita, porto a Espada exterminadora e reguladora de todos os excessos, enquanto na mão esquerda eu trago a Balança equalizadora de pensamentos, palavras e ações de toda a humanidade: O que minha Balança pesa, a Espada executa, dando a cada um o que lhe é seu de direito, nem mais, nem menos.

Só me teme quem deve, a começar pelas dívidas que contrai consigo mesmo quando, por meio da falta de Autoconhecimento, acaba gerando Karma negativo.

Todo pensamento, palavra ou ato de injustiça, sendo eles praticados contra a própria pessoa ou em relação ao próximo, são por si sós atos de autocondenação, que atraem minha atenção para novamente equalizar aquele(a) filho(a) que se desviou da Reta Senda, como reto é o fio de minha Espada, no qual apenas se sustentam os de Reto Pensar, Reto falar e Reto Agir.

*****

A Justiça garante a possibilidade de se atingir, ou até mesmo, de se reconquistar o equilíbrio perdido em alguma área da Vida, tanto em nível interior como em nível exterior.

Sua Equidade é muito mais ampla do que se imagina, indo sua influência muito além dos tribunais e das cortes de Justiça humanas, pois aqui se está falando do equilíbrio da própria Vida, na Natureza e do Universo, e da Justiça relativa à Alta Invisibilidade.

Um ser humano que tende à cobiça, à mesquinhez e ao materialismo, professando uma crença fanática, uma fé cega e uma intolerância religiosa, não pode estar em equilíbrio Espiritual.

Uma pessoa ciumenta, possessiva, insegura emocionalmente e dominadora pode até saber tudo sobre paixão, mas nem de perto sabe o que é o Verdadeiro Amor, muito menos está em equilíbrio Emocional.

Já alguém que se jacte de uma cultura enciclopédica, acredita piamente que sua razão está sempre correta, praticando o pedantismo pseudointelectual; ignora sua Intuição, sua Consciência Subjetiva, passando a desprezar e a caçoar de tudo aquilo que não se encaixe em sua limitada visão cartesiana e pragmática do mundo, está em total desequilíbrio Mental.

Finalmente, todo(a) aquele(a) de índole soberba, orgulhosa e vaidosa, que acredita na cultura ostensiva do ter e não na Nobreza do Ser, acumulando bens materiais que nem usa, só pelo prazer de ostentar; todo(a) aquele(a) que transforma suas ambições em obsessões doentias, passando por cima de tudo e de todos, visando ao lucro, à vantagem pessoal e à riqueza a qualquer preço não sabe, em Verdade, o quão pobre, brega e miserável é, sendo totalmente desequilibrado em relação ao plano Material.

A Justiça tem o Discernimento para julgar todos estes comportamentos torpes citados, dar o seu veredicto e reajustar todos(as) os(as) que praticam qualquer tipo de extremismos, extirpando-os com sua Espada, a fim de que os(as) desequilibrados(as) e os(as) desajustados(as) possam reencontrar – ainda que revoltados(as) de início contra as perdas impostas – uma misericordiosa possibilidade de se regenerarem e se reequilibrarem, ainda mais se passarem a se pautar por Exemplos de Vultos da humanidade, que jamais se coadunaram com os erros e as transgressões, em detrimento da Verdade, da Moral, da Virtude e dos Bons Valores.

O DESPERTAR

A presença da Justiça em uma consulta é uma bênção, uma garantida promessa de equilíbrio e de harmonia, bem como de vitórias em questões legais, por mais árdua e longa que seja a peleja, a todos àqueles(as) de índole correta, comportamento íntegro e caráter cordato.

Já para os timoratos no tocante à prática das ações corretas, para os de caráter questionável e para aqueles(as) cuja palavra falada nem se escreve, muito menos se assina, em razão da falta de compromisso para com os Juramentos, para com as promessas e, acima de tudo, para com a Verdade, A Justiça se mostra um terrível pesadelo que sempre alcança os que estão em dívida com a Ética e com a Moral.

Esta Justiça do Tarô "*Elo Cósmico*", representada por uma bela e aguerrida Iansã, é diferente da maioria dos demais baralhos de Tarô por se apresentar sem a sua *Venda*, um dos itens mais emblemáticos presentes nas imagens associadas às Deusas da Justiça, desde a Aurora dos Tempos. Ainda que reconheçamos a simbologia da Venda como um signo que representa a imparcialidade na hora de julgar, também temos a consciência de que aqui não se está falando apenas da Justiça falível, limitada e tendenciosa dos homens que, muitas vezes, parecem convenientemente cegos e completamente vendados em sua clareza de Consciência Moral ao julgar desde as mais elementares até as mais complexas questões. Assim, é bem apropriado que a Justiça do nosso Tarô se mostre sem vendas, como um lembrete inequívoco, tanto aos que julgam como àqueles(as) que são julgados, de que por mais arbitrariedades que sejam cometidas em nosso Plano da Manifestação, a Lei de Causa e Efeito é infalível. Existem Divindades e Agentes da Alta Invisibilidade implacáveis na aplicação das Leis que regem a Vida, a Natureza e o Universo e ninguém, nem o juiz, nem o carrasco, nem o condenado, ficará impune quando tiver seu coração arrancado e colocado em um dos pratos da Balança, para se contrapor à Pena de Maat no Julgamento de sua Alma, diante do Tribunal de Osíris.

A Justiça está a lhe emprestar a habilidade de ver muito além do que o ato humano de meramente enxergar poderia contemplar. Então, aproveite Sua Presença em sua consulta para uma profunda autoanálise Ética e Moral, a fim de que alinhados corretamente seus pensamentos, palavras e ações com as Leis Universais, você possa receber a recompensa de uma Vida Equilibrada e Harmoniosa.

Outras Relações Mági(K)As A Serem Pesquisadas Pelos Sinceros Buscadores

Na Árvore da Vida da Kabballah Hermética, A Justiça é o Caminho de Lamed, que liga os Sephiroth Tipareth (Beleza) e Geburah (Força/Rigor).

Letra Hebraica: Lamed/Significado: Aguilhão (vara pontiaguda que estimula o boi, associado à letra Aleph, encontrada no Caminho do Louco, a continuar andando pelas retas veredas, relacionadas à Justiça).

Astrologia: Libra.

Mitologia/Religião/Panteões: Atena, Deusa grega da Sabedoria, da Guerra e dos Ofícios, "*A Protetora da cidade de Atenas*" Têmis, "*Deusa Guardiã das Leis e dos Juramentos dos homens*"; para Têmis, a Justiça é definida como Verdade, Equidade e Humanidade, devendo estar sempre acima das paixões e das arbitrariedades humanas/Palas Atena, "*Deusa da Civilização, da Sabedoria, das Artes, da Estratégia em batalha e da Justiça*"; o *Parthenos* (Paternon) foi consagrado à Deusa Palas Atena, que é outro nome para designar a mesma Deusa Atena, já citada aqui/Minerva, "*Deusa romana das Artes, do Comércio e da Sabedoria*" e excelente estrategista em batalhas, só que não atuando tão diretamente nas guerras, como sua correspondente grega, Atena/Maat, "*Deusa egípcia da Retidão, da Justiça, da Ordem e da Verdade*"; Maat é a responsável pela Ordem, tanto cósmica como social. No Tribunal de Osíris, o coração do morto era pesado em uma balança, tendo no prato oposto a Pena da Verdade, da Deusa Maat; caso o coração fosse mais pesado que a pena, a Alma seria condenada.

Arcano 9 – O Eremita

A VISÃO
EREMITA, Quem tu és?

Eu Sou aquele que peregrina pelas veredas do mundo e entre as dimensões, apoiado no Bastão dos Patriarcas; Eu Sou aquele cingido pelo Manto de Apolônio de Tiana, que oculta minha real identidade; Eu Sou aquele que ilumina meus caminhos com a Lâmpada de Hermes Trismegistus.

Eu Sou, ao mesmo tempo, a Iniciação, o Iniciador e o Iniciado.

Como Mestre, Alto Adepto e Iniciador, apareço quando o discípulo está pronto e já se desapegou de todas as suas certezas, falsas crenças e infrutífero excesso de informações, muitas vezes tomadas como a Real Sabedoria, que somente eu posso legar sem deturpadas adaptações que não conduzem a lugar nenhum, em matéria de Evolução de Consciência.

A Lâmpada de Hermes Trismegistus só permanecesse acessa quando portada por aquele que possui sua razão iluminada pela Luz que vem do Alto, e que tem à consciência de que a razão meramente objetiva é insuficiente para desvelar os Mistérios da Vida, da Natureza e do Universo.

O Manto de Apolônio de Tiana me preserva das indiscrições do mundo profano, e me permite concentrar toda Força, Espiritualidade e Energia das quais eu preciso para vencer e triunfar em meio às mais diversas provas e testes. É desse mesmo Manto quando a cidadela foi invadida, quando ruíram e vieram ao chão as muralhas e as torres do castelo, que o Cavaleiro aguarda em serena expectativa para lançar o seu último e letal ataque, oriundo desta última fortaleça têxtil não menos Nobre que o próprio Santo Sudário.

Meu Bastão, singelo a ponto de ser confundido com um mero galho, oculta os mesmos poderes de cetros, cajados e baquetas pertencentes a inúmeras Divindades, bem como aos mais

Altos Adeptos da História. Ele é o emblema de todo aquele que possui mestria e proficiência para falar sobre Magia, representar o Plano Espiritual, conduzir Cerimoniais e, quando necessário, submeter os mais diversos tipos de Seres e Entidades, que reconhecem a autoridade daquele que porta o Bastão dos Patriarcas.

A luz da minha Lâmpada pode ampliar três vezes o seu brilho; meu Manto se desdobra em três partes; e meu Bastão é dividido em três segmentos, atestando a importância do número 9, associado a: Amor Universal, Mestria, Grandes Ideais, Iniciação, Altruísmo, Serviço ao próximo e Misericórdia.

Minha forma de expressão predileta é o Silêncio, que antecede a Sabedoria. Saber o momento para se calar, refletir e meditar dota o gênero humano de grande Poder, pois o homem é escravo de tudo o que fala e Senhor de tudo que cala, escuta e reflete em serena expectativa.

No Arcano, tu me vês caminhando em direção a uma Fonte Luminosa que pode ter muitos nomes de acordo com a Sabedoria das Eras, sempre reservada aos Franco-Iniciados. "*Gnose*" é um dos Sagrados Nomes desta Fonte, da qual é oriunda toda Ciência, Religião, Arte, Cultura, Filosofia e Tradição Hermética/ Esotérica/Iniciática. Como o dever de um Eu bem nutrido é nutrir "outros Eus", ainda mais em matéria de Sabedoria, Iluminação e Espiritualidade, reabasteço-me constantemente nesta Gnóstica Fonte e compartilho de seu Filosófico Néctar com todos(as) os(as) Sinceros(as) Buscadores(as), quando me encontram dentro de si mesmos(as) como seu Mestre Interior; posso, então, conduzi-los(as) aos Cenáculos da Tradição Esotérica, a fim de que recebam a Tradicional Iniciação.

O DESPERTAR

Sutilmente, em silêncio, oriundo do Mistério, O Eremita aparece em sua consulta para ser seu guia, orientá-lo e aconselhá-lo na atual fase de Vida em que se encontra.

A fim de que possa aproveitar ao máximo a Sabedoria do Eremita, podendo fazer significativos progressos em matéria de Autoconhecimento, bem como em matéria do avanço dos seus projetos, metas e ideais, faz-se necessário que se aparte agora do burburinho social e busque ficar mais consigo mesmo.

O Bastão portado pelo Eremita representa o apoio da Prudência prestado aos homens e às mulheres que não desvelam seus pensamentos, a fim de não entregá-los às contradições do mundo exterior. O que ninguém sabe, ninguém estraga: seja prudente.

O Manto que cinge O Eremita representa a Discrição, sendo ela, depois do Silêncio, a melhor armadura do Sábio. Cuidado com o que fala, para quem fala e quando fala: com O Eremita presente, você deve cotar suas palavras a peso de prata e seu Silêncio a peso de ouro. Quantas coisas já não se realizaram em sua Vida porque falou o que não devia, para quem não devia e nas horas mais ingratas?

A Luz da Lâmpada do Eremita deve se ampliar três vezes, a fim de que possa iluminar o seu passado, para não cometer os mesmos erros pregressos no tempo atual que está vivendo. Deve iluminar seu presente, a fim de que saiba quem, realmente, você é e o que procura; deve esta Iluminação da sua Consciência iluminar seu futuro, a fim de que não dê o passo maior do que a perna, nem se arrisque a ir além de onde você ainda não começou e acabe caindo num abismo.

No tocante a questões Espirituais e de Autoconhecimento, O Eremita indica a necessidade de silêncio, oração, contemplação e meditação, bem como saber ouvir sem retrucar, pois uma vez recebida a Gnose, ela necessita de tempo, a fim de que suas sementes brotem em nosso interior como Sabedoria e Iluminação.

Já no que concerne a questões mundanas, quando nos sentimos abatidos, cansados, esgotados e vivendo um insucesso atrás do outro, se faz necessário apartarmo-nos do convívio social por um tempo e buscarmos refúgio abaixo do Manto do Eremita, para que possamos observar as situações e as pessoas a distância e, então, veremos coisas, atos e atitudes que não estávamos vendo até que nos afastássemos; por mais que algumas desvelações, agora que o Véu da inconsciência nos foi tirado, nos machuquem, saberemos perfeitamente como agir ao voltarmos ao convívio social, sendo agora mais seletivos no tocante a quem confiamos os nossos segredos, metas e objetivos.

É impressionante o número de pessoas que deixam nossas vidas quando mudamos de atitude para com elas, após um tempo afastados e as observando de longe, meditando e refletindo sobre seus atos. Da mesma forma que este abençoado período de isolamento sempre nos traz lucidez a respeito das atividades, ideais e objetivos que devemos perseguir, porque tem relação com nossa Real Natureza Divina, deixando de lado tudo aquilo que podíamos estar buscando para atender a mais pessoas e necessidades ilusórias externas a nós, as quais, em Verdade, não têm a menor relação com nossa própria tônica vibracional.

Concluir ciclos, com relação a algumas atividades, bem como terminar relacionamentos que já ofereceram tudo o que havia para ser oferecido em matéria de aprendizado emocional para todas as partes envolvidas, às vezes, é um verdadeiro livramento.

O Eremita nos ensina que se não gostarmos de estar em nossa Própria Presença iluminada e esclarecida a respeito de nós mesmos, de nada adiantará buscarmos as companhias exteriores, pois não há nada pior do que se sentir sozinho e ausente de si mesmo em meio a uma multidão, da mesma forma que não há nada mais auspicioso do que estar em Comunhão com todos os Universos, Seres e com toda a Natureza, quando estamos na plena, pura, calma e focada posse de nós mesmos: permita-se experimentar isto pelo menos uma vez na Vida.

Outras Relações Mági(K)As A Serem Pesquisadas Pelos Sinceros Buscadores

Na Árvore da Vida da Kabballah Hermética, O Eremita é o Caminho de Yod, que liga os Sephiroth Tipareth (Beleza) e Chesed (Misericórdia).

Letra Hebraica: Yod/Significado: Mão. A Mão aberta é um símbolo de grande Poder dentro do Gnosticismo, sendo uma das representações do *Pantocrator*, Cristo na qualidade de "Regente do Universo". Com a mão se abençoa, se doa, tanto o Amor quanto a Sabedoria aos que são dignos de recebê-la. É isto que O Eremita faz com sua Alma elevada, seu

Coração iluminado e seu Pensamento voltado a tudo o que é nobre, belo, bom e virtuoso.

Astrologia: Virgem.

Mitologia/Religião/Panteões: Hermes Trismegistus, "O Três vezes Grande", Luz Emblemática do antigo Egito/ Moisés (Moshé, palavra de raiz hebraica que quer dizer: "*Eu o tirei das águas*"), "O Iluminado do Sinai"/Apolônio de Tiana, filósofo Neopitagórico /Mago Merlin, profeta, Mago e conselheiro do Rei Arthur/Taliesin, "O Príncipe dos Bardos", famoso poeta britânico, da Britânia pós-romana /Giovanni Pico della Mirandola, erudito, filósofo neoplatônico e humanista da Renascença italiana/Conde de Saint Germain, alquimista e atual Chohan do Sétimo Raio da Grande Fraternidade Branca, O Raio Violeta da Liberdade e da Transmutação do chumbo do ego, no ouro da Essência.

Arcano 10 – A Roda da Fortuna

A VISÃO
RODA DA FORTUNA, O Que tu és?

Eu Sou as engrenagens imparáveis do Tempo; A Lei da Mutação; Eu Sou Passado, Presente e Futuro combinados em um só Tempo; Eu Sou o que os não Iniciados e profanos chamam de Destino; Já para os Adeptos e os Iniciados nos Mistérios, Eu Sou O Dharma, *A Lenda Pessoal*, *A Missão de Vida* que cada um concede a si mesmo antes de encarnar, tendo consciência disso ou não.

Tenho as Quatro formas da Esfinge que compõem o *Tetramorfos*, como Guardiões do meu movimento livre e contínuo, a saber: O Leão, o Ser Alado, a Águia e o Touro.

Desvelei-me à Visão do Profeta Ezequiel:

"10 *Quanto às suas faces, tinham forma semelhante à humana, mas os quatro apresentavam face de leão do lado direito e todos os quatro apresentavam face de touro do lado esquerdo. Ademais, todos os quatro tinham face de águia*" (Ezequiel 1:10).

"15 *Olhei para os animais e eis que junto aos animais de quatro faces havia, no chão, uma roda.* 16 *O aspecto das rodas e a sua estrutura tinham o brilho do crisólito. Todas as quatro eram semelhantes entre si. Quanto ao seu aspecto e à sua estrutura, davam a impressão de que uma roda estava no meio da outra.* 17 *Moviam-se nas quatro direções e ao se moverem, nunca se voltavam para os lados.* 18 *A sua circunferência era alta e formidável, e sua circunferência estava cheia de reflexos em torno, isso em todas as quatro rodas.* 19 *Quando os animais se moviam, as rodas se moviam junto com eles; quando os animais se levantavam do chão, as rodas se levantavam com eles.* 20 *As rodas se moviam na direção em que o espírito as conduzia e se levantavam com ele, porque o espírito do animal estava nas rodas*" (Ezequiel 1:15, 16, 17, 18, 19 e 20).

Com minhas 12 divisões internas, represento tanto os Doze Signos Zodiacais, como as Doze Casas que compõem as áreas de atuação onde eles interpretam os seus papéis.

Para os(as) Wiccans, Bruxas(os), Druidas, Adeptos da Antiga Religião e do Paganismo, Eu Sou "A Roda do Ano" com seus Sabbats, Solstícios e Equinócios: Uma estrutura que reconecta o gênero humano à Natureza, pela qual é possível a divisão do ano em oito períodos de extrema Força e Poder, nos quais a Vida é celebrada de forma mais Mágic(K)a em todos os seus ciclos de nascimento, desenvolvimento, apogeu, morte e renascimento.

Como "Roda de Samsara", englobo todas as encarnações que passarás na Terra, até que tenhas atingido a Vitória da Ascensão depois de cumpridas, ao longo de várias Vidas, as etapas de Reparação, Regeneração, Iluminação e Domínio da Ciência da Ressurreição. Uma vez atingida a plenitude da evolução da tua Consciência e o nível de Mestre(a) Ascensionado(a), então não mais regressarás ao nosso planeta e poderás tomar teu lugar em meio à Grande Fraternidade Branca dos Chohans, Mestres de Consciência Desperta e Excelsas Potências da Luz, a fim de que possas, ao lado Deles(as), trabalhar pela evolução planetária da Terra, a favor dos teus irmãos e tuas irmãs que ainda não alcançaram a Vitória da Ascensão.

A Invenção da Roda não apenas impulsionou o progresso do homem primitivo em direção a um futuro de inúmeras possibilidades, como também o fez refletir e pensar a respeito da Eternidade por meio da simbologia do Círculo, sendo impossível determinar o começo, o meio e o fim dele, daí a ideia de *Infinitude* Cíclica associada aos símbolos circulares.

O DESPERTAR

Caso A Roda da Fortuna tenha chegado rodopiando, girando e rodando em sua consulta, é hora de se preparar para uma mudança em sua Vida.

O Décimo Arcano é o primeiro de cinco Arcanos que introduz o elemento da mudança na Vida de uma pessoa. Mas, que tipo de mudanças traz a décima lâmina, uma vez os Arcanos que implicam este conceito são uns diferentes dos outros?

As mudanças associadas à Roda da Fortuna são aquelas nas quais ainda podemos exercer algum tipo de controle, pois o ritmo dessas mudanças é natural, nada forçado, e isso nos permite o direcionamento da Vida, para onde queiramos que ela flua.

No topo da Roda da Fortuna, vemos uma face egípcia associada à Esfinge, cujo corpo constituído por membros humanos e membros de águia, de touro e de leão, representa O Destino, sempre pronto a ferir à direita e à esquerda; conforme a Roda gira, sobe para o seu topo os mais humildes e são derrubados os mais altivos.

A lição a ser aprendida neste Arcano é a seguinte: "Se tudo gira bem não se apegue, isso passa; Se tudo gira mal, isso também passa. O importante é colhermos o *Fruto da Sabedoria* em cada fase da nossa Vida e saber saboreá-lo no único tempo real, O Agora. Mudanças trazem aprendizados e eles são os frutos mais valiosos a serem colhidos, tanto no Inverno como no Verão; tanto nos Equinócios Primaveris como nos Equinócios Outonais de nossas Vidas".

O Arcano indica que você está prestes a entrar em uma nova fase em sua Vida, ocorrida a mudança que tanto almejava. Mas é necessário ter Consciência de que o mundo exterior, as circunstâncias, as situações e até mesmo as pessoas mudam, ou se mudam de nossas Vidas, quando começamos a mudar nossa forma de pensar em nível interior e passamos a ser, para nós mesmos em primeiro lugar, a mudança que queremos ver manifestada fora de nós.

Quem sente estar numa fase condizente com a parte debaixo da Roda da Fortuna e esmagado por ela, não se desespere, nem desanime, pois seu único Destino é a subida até o topo, uma vez que nenhuma situação em nosso mundo fenomênico é imutável e para sempre. Já para os que se encontram no topo da Roda, se faz necessário, se quiserem permanecer nesta posição, o desapego com relação a coisas do passado, o não ansiar pelo futuro e a minuciosa observação de todos seus pensamentos, palavras e ações no presente, a fim de que se evitem a soberba, o orgulho, a ostentação e as vaidades, que são a causa da queda de muita gente que não tem adaptabilidade e jogo de cintura, e vive a dizer que é sempre a mesma e que nunca mudará: quem assim pensa já começou sua precipitação para debaixo da Roda, só que ainda não percebeu; tomara que acorde enquanto ainda é tempo.

Outras Relações Mági(K)As A Serem Pesquisadas Pelos Sinceros Buscadores

Na Árvore da Vida da Kabballah Hermética, A Roda da Fortuna é o Caminho de Caph, que liga os Sephiroth Chesed (Misericórdia) e Netzach (Vitória).

Letra Hebraica: Caph/Significado: Punho. A mão fechada representa a clareza do entendimento e também a conclusão de uma atividade; ou o fechamento de um ciclo, de uma fase, de nossa Vida.

Astrologia: Júpiter.

Mitologia/Religião/Panteões: O Tetramorfos da Visão do Profeta Ezequiel/A Roda de Samsara/A Roda do Ano dos Druidas, Wiccanianos e Bruxas(os) /A Távola Redonda, da Demanda Arthuriana do Santo Graal/A Roda Zodiacal.

Arcano 11 – A Força

A VISÃO

FORÇA, Quem tu és? Eu Sou A Domadora da minha Força Interior, e das minhas próprias emoções e instintos que jamais os sufoca, os teme, ou se envergonha deles, mas os reconhece e os abraça em um abraço sincero de quem canaliza e aceita seus potenciais, direcionando-os de forma positiva para as grandes realizações da Vida.

Venho para trazer um novo entendimento a respeito da palavra Força, substantivo feminino, mas que sempre esteve na maioria das histórias e contos relativos aos heróis que permeiam as narrativas, que embalam mitos, lendas e contos desde a aurora da humanidade, associada ao gênero masculino.

O Poder, o *status* e a ambição têm uma relação muito maior com o gênero masculino do que A Força, que habita o âmago das mulheres desde os primórdios, sendo que elas sempre estiveram e continuam a ser a Força Motriz por detrás de grandes transformações planetárias.

Antes que o mundo se tornasse um grande patriarcado, na Antiga e Primordial Religião, que pode rastrear suas origens até a formas rudimentares de culto oriundas do paleolítico e do neolítico, o gênero humano orava: "*Mãe Nossa que Estás nos céus...*".

A Grande Mãe, A Grande Deusa, A Grande Senhora, A Grande Rainha, foi sempre Ela que estava nos céus, estava na terra, estava nos mares e oceanos, estava nas matas e florestas, estava nas cavernas, estava nos desertos, estava nas montanhas e colinas, enfim, estava e era Una com a Natureza, que Deu origem Ao Grande Deus, Sendo Mãe, Irmã e Consorte Dele, e eis Seu Grande Mistério!

Foi Eva quem teve a Força e a coragem para degustar o fruto proibido da Sabedoria e compartilhá-lo com Adão, retirando ambos do estado de inconsciência no qual meramente existiam.

À Dalila foi desvelado o verdadeiro segredo por detrás da Força de Sansão, a qual foi retirada dele, que não observava as prescrições que tinha de seguir para honrar a Deus.

Cleópatra foi a última governante do Egito, antes que o território se tornasse uma província anexada ao território romano. Governou a terra dos Faraós com Força e de forma autônoma. Era culta, inteligente, poliglota e fascinou dois dos mais importantes personagens da História romana: Júlio César e Marco Antônio, sabendo manipular a ambos para a realização de seus objetivos.

Maria Madalena – que segundo o Gnosticismo seria a verdadeira identidade de Maria Betânia, "*A Mulher do Vaso de alabastro*" – foi uma mulher à frente de seu tempo, Adepta e Iniciada nos Grandes Mistérios e que falava de igual para igual com o Mestre, Jesus – O Cristo. Tentaram mitigar a sua importância e até mesmo apagar seu nome da narrativa cristã exotérica, mais destinada às massas, mas Maria Madalena sempre resistiu em meio a grupos e Tradições Herméticas/Gnósticas, que reconhecem seus méritos e honroso lugar no Cristianismo Esotérico, preservando em Cenáculos fechados, até hoje, certas Tradições.

Excalibur, a emblemática espada do Rei Arthur e um tradicional símbolo de Poder, era guardada pela Dama do Lago, que a legava somente aos dignos de possuí-la. Em algumas versões da "*Demanda Arthuriana do Santo Graal*", a bainha de Excalibur foi confeccionada pelas Sacerdotisas de Avalon, a pedido da Senhora de Avalon, que recomendou a Merlin e ao próprio Arthur que nunca separasse a espada de sua bainha. Enquanto Arthur possuísse a bainha de Excalibur, ele não sangraria nos combates e, provavelmente, este foi um dos motivos de sua morte quando de sua última batalha: o Rei levou para a contenda apenas a espada, da qual havia se separado quando da traição de sua Rainha Guinevere, que a mantinha consigo em um convento desde que se separara de Arthur. Reconciliados, Guinevere entregou para Arthur sua Excalibur, a qual guardara durante muitos anos mas já sem a bainha, cujo destino se perdeu.

Como "Poderosa Domadora e Guardiã da Força do Sagrado Feminino", eu poderia continuar te contando muitas outras histórias de mulheres notáveis, que fizeram a diferença na História da Humanidade, nas quais tu verias que elas sempre tiveram, preservaram, se utilizaram pessoalmente ou legaram A Força que os líderes masculinos usaram em momentos cruciais do progresso planetário, mas deixarei que tu pesquises pessoalmente essas narrativas, uma vez que estudar o Sagrado Feminino é passar a respeitar e empoderar definitivamente as mulheres, entronando-as como representantes da Grande Deusa, da Grande Mãe e de sua Força manifestada na Terra.

O DESPERTAR

Caso esteja ouvindo o rugir do Leão da Força em sua consulta, é chegada a hora de aceitar o presente que o Destino lhe enviou: Força, energia e dinamismo para realizar qualquer tarefa; vencer qualquer obstáculo e reafirmar tua autoconfiança.

Com o Décimo Primeiro Arcano em jogo, se apresentam para você as mais diversas modalidades de Força.

Estamos falando da Força Espiritual convertida em Fé Iluminada, não fanática, bem como no Poder da Iniciação que lhe permite desvelar todos os Mistérios acima e abaixo da Abóbada Celestial e, também, decifrar os Enigmas que vagam desde a superfície da Terra até suas entranhas mais intraterrenas.

A Força Emocional se faz presente subjugando as paixões instintivas, a fim de que seja senhor dos seus desejos e nunca escravo deles. É possível vivenciar plenamente a sensualidade passando longe da vulgaridade e ver o sexo como algo sagrado, se utilizando da Força Tântrica como uma forma de Magia Sexual, que permite a Evolução da Consciência pela subida de Fohat e Kundalini, que vão abrindo e fazendo girar harmoniosamente seus Sete Chakras, a fim de que atinja a Iluminação que precede o Domínio da Ciência da Ressurreição e a posterior Ascensão.

O Poder da Mente e A Força da Imaginação estão a sua disposição, desde que tenha aprendido os métodos apropriados da Visualização Criativa, que lhe permitem compreender que tudo o que está manifesto no plano material tem sua origem no plano mental; quando combina a imagem perfeitamente visualizada com a emoção inserida nela, que permite começar a moldar a Luz Astral, até que veja materializado em nosso mundo fenomênico o que era "apenas" uma ideia.

Fisicamente, o Arcano da Força traz saúde, vitalidade e boa disposição, sendo uma excelente fase para se dedicar aos exercícios físicos. Uma boa sugestão é se envolver com algum tipo de Arte Marcial praticada da forma correta e filosófica, uma vez que o Bushido garante, a quem trilha o Caminho do Guerreiro, Força não apenas no sentido físico, mas também no sentido da Moral e do Caráter, levando-se em conta as muitas Virtudes que são ensinadas nesta Senda.

A Força nos permite canalizar de forma balanceada nossos pensamentos, palavras e ações, fugindo a todo e qualquer tipo de extremismo, uma vez que o verdadeiro Poder não se demonstra por meio do autoritarismo, da repressão e do medo. Quem tem a Força não precisa exigir respeito, ou vangloriar-se de seus potenciais e da sua liderança: A Força está com a pessoa, bem como um carisma nato e uma liderança natural que todos seguem, baseada na Moral mais do que em qualquer outra coisa.

Outras Relações Mági(K)As A Serem Pesquisadas Pelos Sinceros Buscadores

Na Árvore da Vida da Kabballah Hermética, A Força é o Caminho de Teth, que liga os Sephiroth Chesed (Misericórdia) e Geburah (Rigor/Força).

Letra Hebraica: Teth/Significado: Cobra – *Ouroboros*, a Serpente que engole a própria cauda, representa a Sabedoria e o Universo; *A Serpente do Jardim do Éden* tenta Eva, a fim de que ela desperte sua Força em busca da Sabedoria que liberta da inconsciência e ainda legue esta Gnose para que Adão possa despertar também; Fohat e Kundalini são duas serpentes que dormem na altura do Muladhara Chakra, esperando serem despertas por meio do Yoga apropriado, bem como por intermédio dos segredos do Tantra, para que as duas serpentes subam entrelaçadas fazendo girar os Chakras, como a Redentora *Serpente de Fogo* que nos liberta da sexualidade e das paixões instintivas, fazendo do Verdadeiro e Real Amor um dos atos mais potentes no tocante ao Despertar da Consciência.

Astrologia: Leão.

Mitologia/Religião/Panteões: Deusa Sekhmet, "A Deusa da Guerra e da Medicina", representada por uma mulher com a cabeça de uma leoa encimada por uma coroa com um disco solar, destrói os inimigos do Deus Rá e lega a seus(suas) filhos(as) e a todos os que a cultuam magnetismo pessoal, além de extrema força física e vitalidade/As Valquírias, "*As que escolhem os mortos*", são deidades femininas da mitologia nórdico-germânica que serviam a Odin, sob a coordenação da Deusa Freya, e tinham a tarefa de recolher dos campos de batalha os corpos dos guerreiros mais bravios, corajosos e intrépidos, conduzindo-os ao Valhalla, "O Palácio dos Einherjar"/Santa Joana D'Arc, "A Donzela de Orleans", *Padroeira da França*, dos mártires, de soldados, cativos, pessoas ridicularizadas, militares e presos injustamente.

Arcano 12 – O Enforcado ou O Dependurado

A VISÃO
ENFORCADO, Quem tu és?

Eu Sou aquele que optou pelo Sacro-Ofício – o Trabalho Sagrado do Autoconhecimento –, pelo qual, por meio da renúncia de meus desejos pessoais e da necessidade de sempre ter que provar algo à sociedade, finalmente encontrei a Paz contemplativa, uma espécie de Ócio Sagrado mediante o qual pude perceber o quão afastado estava do meu Dharma, esta Missão de Vida que escolhi para mim antes mesmo de encarnar.

Identificando o ponto obscuro em meu interior que repetidas vezes impedia o meu progresso quando eu estava em franca evolução nas mais diversas áreas da minha Vida, não mais retrocedi diante da *Noite Escura da Alma* e passei a admitir minhas limitações, a fim de que pudesse curá-las.

Embora tu me vejas de cabeça para baixo como se eu estivesse preso, estagnando, inerte e sem ação, não te enganes, pois ao contemplares com atenção o meu semblante, verás que eu estou em Paz, uma espécie de Meditação que somente a parada total de minhas atividades me permitiu atingir, tendo me retirado para este lugar ermo e afastado de tudo e de todos, não muito diferente da *Selva Escura* onde começa a Jornada de Dante Alighieri, na *Divina Comédia*, sendo nesse local que Dante encontra Virgílio – poeta romano autor de *Eneida* –, que foi enviado pela Providência Divina para servir de guia a Alighieri que está em busca da Salvação, como eu também busco a minha Redenção por meio da Reparação e da Regeneração dos meus erros pregressos da existência levada até agora, a fim de que, após este período de total parada, possa passar a uma Vida mais Plena e que de fato tenha relação com a Real Natureza Divina do Homem de Sincero

Desejo de Evolução, que expia simbólica e alegoricamente seus pecados por intermédio do significado secreto da Crucificação.

Não sou muito diferente do Mestre Jesus crucificado no *Gólgota* e que não mais pediu ao Pai que lhe "*afastasse o cálice*", por ter compreendido que sofrer significava meramente suportar, a fim de que, morto na cruz, o Jesus terreno pudesse Ressuscitar, Ascensionar e Viver Eternamente O Cristo, entrando Ele para sempre na História Evolutiva do gênero humano a lhe servir de exemplo ao dizer: "*Está consumado*". Uma frase que só pode ser dita por aqueles que aceitam viver plenamente suas Missões de Vida servindo ao próximo, muito mais do que a si mesmos e estando dispostos a abrir mão de uma mera existência terrena, para se tornarem a *Porta Aberta* que nenhum homem pode fechar, servindo como um exemplo inspirador para que outros também tenham a Coragem de realizar sua Lenda Pessoal, independentemente dos riscos e das forças de oposição que terão de enfrentar.

Para alguns, Eu Sou o Titã Prometeu que roubou o fogo dos Deuses, retirando um pouco das chamas da forja do Deus Hefesto, acondicionando-as dentro do caule vazio de um funcho, antes de legar o fogo à humanidade. Com isso atraí a fúria de Zeus, que enviou uma terrível inundação pretendendo aniquilar o gênero humano – o qual eu havia criado misturando argila, água e um pouco de minhas lágrimas, acrescidas da Alma e da Vida insufladas pela Deusa Atena –, não apenas por ter sido desobedecido, mas também porque O Todo-Poderoso do Olimpo temia que os homens, agora de posse do fogo, tentassem se igualar aos(às) Deuses(as). Prometeu quer dizer "Antevisão", e assim como eu tenho o Dom da Profecia e temendo pelo futuro da humanidade, orientei meu filho Deucalião para que ele construísse uma Arca para si e para sua esposa Pirra, a fim de que ambos pudessem escapar do Dilúvio, que em nossa Mitologia Grega durou nove dias e nove noites, ao final dos quais Deucalião fez um sacrifício em honra a Zeus, que decidiu Renovar sua Aliança com os homens permitindo a vazão das águas e a continuidade da Vida na Terra.

Mesmo depois de findado o castigo aos homens, fui castigado por Zeus, que me acorrentou de ponta-cabeça no topo do Monte Cáucaso, no qual permaneci sobre a tortura de uma águia gigante que todos os dias vinha devorar meu fígado, que se reconstituía no dia seguinte apenas para dar continuidade ao meu martírio. Esse suplício durou 30 anos, ao final dos quais Zeus ordenou a Héracles (Hércules) que fosse me resgatar, o que o Herói fez com extrema habilidade, rompendo os grilhões que me aprisionavam e matando a águia. Então, fui conduzido a Zeus que me perdoou, concedendo-me a Vida Eterna, e também passei a ser honrado pelos homens que construíam altares em meu louvor e usavam alianças para representar o rompimento dos elos da tortura e da escravidão, a qual fui submetido por três décadas antes de encontrar minha Redenção.

O DESPERTAR

Se O Enforcado apareceu dependurado de cabeça para baixo em sua consulta, saiba que é seu mundo que está invertido e não O Homem Dependurado que está de ponta-cabeça, pois ele já encontrou seu centro em meio a sua serena Meditação Contemplativa, por isso, tem conselhos valiosos para lhe oferecer.

Quando não sabemos se estamos de cabeça para baixo diante do mundo, ou se é o mundo que está de cabeça para baixo diante de nós, precisamos buscar o isolamento, exatamente como vemos o rapaz do Arcano, em meio à Selva Escura. Neste local ermo e afastado, que pode ser o recanto mais recôndito em nosso interior, aproveitamos o momento de parada em nossa Vida para realizarmos uma profunda e útil autoanálise em busca do que possa estar atravancando nosso progresso e o retorno da fluidez dinâmica em nosso dia a dia.

A inversão do corpo do Homem Dependurado equivale a um antigo Asana existente, tanto no Yoga como em cifradas práticas Alquímicas, por meio do qual retiramos a atenção e a tensão que podem se acumular nos Chakras inferiores, a fim de concentrarmos o nosso foco nas regiões associadas ao Vishuddha, ao Ajna e ao Sahasrara Chakra, sendo estes Chakras Superiores associados à Sabedoria e à Iluminação, para que possa advir um novo curso de ação inspirado para as nossas Vidas, retirando-nos da letargia, um dos significados do Décimo Segundo Arcano.

Parece que a cabeça do jovem dependurado busca aterrar-se no sulco cavado na terra logo abaixo dele, o que simboliza que em uma fase da nossa existência regida pelo Enforcado, devemos arar nossa mente, plantar novos pensamentos e cultivá-los com o devido cuidado e atenção, a fim de que eles brotem no tempo certo, permitindo-nos criar novas estratégias mentais pelas quais será possível a manifestação de nossos projetos, metas e ideais no futuro. Nem sempre um momento de parada e estagnação em nossas Vidas deve ser visto como algo negativo, se soubermos aproveitá-lo para podar as ervas daninhas de pensamentos pregressos, ideias arcaicas e obsoletas, que impedem o brotar de uma renovada e criativa inspiração mental.

Sacrifique tudo o que é excessivo e desnecessário em sua Vida na fase regida pelo Enforcado. Abra mão dos apegos relativos a um passado que não pode mais coexistir consigo no presente e se liberte de todo e qualquer tipo de ilusão associada à palavra controle. Quando você se entrega à desintegração do seu velho Eu denso, pesado e vencido pelo tempo, eis que surge a rota de fuga, que lhe permite o desvencilhar das ramagens envelhecidas da *Selva Escura*, a fim de que renasça como o Lótus Branco e purificado em meio ao lodo pantanoso e lamacento de hábitos desgastados e que não podem se repetir no futuro luminoso que lhe aguarda.

Outras Relações Mági(K)As A Serem Pesquisadas Pelos Sinceros Buscadores

Na Árvore da Vida da Kabballah Hermética, O Enforcado é o Caminho de Mem, que liga os Sephiroth Hod (Esplendor) e Geburah (Rigor/Força).

Letra Hebraica: Mem/Significado: Água.

No Caminho de Mem, O Enforcado, temos o *Batismo pela Água*; No Caminho de Aleph, O Louco, temos o *Batismo pelo Ar*; e no Caminho de Shin, O Julgamento, temos o *Batismo pelo Fogo.*

O Batismo pela Água nos permite a desconexão da encarnação pregressa, encerrando a simbologia do Renascimento de uma mesma Alma, que se predispõe a continuar desabrochando mais Pétalas Flamejantes na Vida atual pela Evolução da Consciência e do Autoconhecimento, até tornar-se a Rosa de Fogo desabrochada no centro da Cruz Dourada, símbolo do corpo físico que constitui o veículo pelo qual o Ser Espiritual vivenciará sua nova experiência terrena, em busca da Redenção por meio da Vitória da Ascensão.

Mitologia/Religião/Panteões: "O Mistério da Crucificação", como símbolo do Sacro-Ofício, "*O Trabalho Sagrado do Autoconhecimento*", pelo qual renunciamos a nós mesmos e às nossas ilusões; tomamos a nossa Cruz – procurando equilibrar em nossa encarnação atual tanto a trave vertical, que simboliza o Plano Espiritual, como a trave horizontal, que representa o Plano Material –, podendo então seguir o nosso Santo Ser Crístico, a fim de que chegue o tempo em que possamos dizer: "*Está Consumado...*", no tocante à realização da nossa derradeira Missão de Vida, que acabará culminando em nossa Vitória da Ascensão, após inúmeras encarnações vividas de maneira Consciente/"O Sacrifício de Odin", um ritual realizado por este incrível Deus da Mitologia Nórdica, conhecido como "O Pai de Todos", pelo qual Odin se autocravou com sua própria lança na Yggdrasil, "*A Árvore do Mundo*", enforcando-se em seus próprios galhos, e permanecendo nove dias e nove noites sangrando sobre o "*Poço do Destino*", tendo sido este o preço pago pelo Deus para receber a Sabedoria e os Segredos de Yggdrasil, encontrando-se entre eles a Gnose do Alfabeto Rúnico conhecido pelo nome de Futhark.

Arcano 13 – A Morte ou O Ceifador

A VISÃO
MORTE, Quem tu és?

Eu Sou Aquela que vem sem ter sido convidada, embora pelos mais evoluídos em Consciência eu seja aguardada, sendo a possibilidade mais certa da Vida de um ser humano, sempre temida por aqueles que apenas existem, e que não pode ser evitada, quando a hora é chegada.

Como O Ceifador, com meu Alfanje, eu nivelo pela Igualdade ricos e pobres, famosos e anônimos. Contemplar um esqueleto completo ou um simples osso do corpo humano é um dos exercícios mais poderosos de reflexão a respeito da brevidade do sopro que é uma existência, nos fazendo refletir se temos aproveitado com Sabedoria a presente encarnação, antes que as cortinas dos palcos da Vida se fechem e retornemos aos bastidores entre uma encarnação e outra.

Fui avistada nas visões de São João, que me descreveu em seu Apocalipse galopando ao lado de outros Três Cavaleiros: O Anticristo, a Guerra e a Peste. E mesmo entre os outros cavalos, é o meu palafrém que continuará galopando para muito além da Eternidade, quando todas as Rondas Evolutivas deste planeta se passarem, pois não há Anticristo, ou falso profeta, que reine para sempre; da mesma forma que não há Guerra exterior ou conflito armado que nunca termine, muito menos Peste, praga ou vírus, para os quais não se descubra um antídoto, por mais tempo que isso possa levar. No entanto, existe antídoto para o meu doce beijo como Donzela que também posso ser? Uma Donzela que tira tua Alma para dançar, te libertando deste invólucro carnal que não condiz com a Imortalidade da Essência Divina Que Vive em ti, sendo eu a responsável por teus Ciclos de Morte e Renascimento, a fim de que um dia te desvencilhes de vez de todo Karma pregresso adquirido, te libertes do teu ego, cumpras tua derradeira Missão de Vida, e Iluminado à Luz da tua Alma desabrochada tal e qual a Rosa de Fogo, tu manifestes plenamente tua Divina e Poderosa Presença de Deus, O "Eu Sou", passando à condição de Ascensionado(a), quando desvelarás o Segredo da Imortalidade escondido por detrás das minhas vestes, sendo o manto negro com capuz a mais emblemática de todas elas.

Os piratas me adotaram como seu símbolo máximo, representando-me nas bandeiras "Jolly Roger", cuja origem do termo é o francês *Jolie Rouge*, que significa "Vermelho Bonito". A simples visão do crânio com duas tíbias cruzadas logo abaixo em um tecido preto já era motivo de pavor em meio a tripulações que avistavam este mórbido símbolo, uma lembrança de que os corsários, piratas e bucaneiros raramente costumavam ter piedade com as vítimas de seus saques e pilhagens, matando toda a tripulação a bordo e ainda levando o navio atacado a pique.

A Sociedade Secreta *Skull And Bones* (Crânio e Ossos), sediada na Universidade de Yale, tem entre seus Iniciados a elite da alta sociedade americana, o que inclui alguns Presidentes como notórios membros dessa Sociedade.

O símbolo do crânio com duas tíbias cruzadas abaixo tem uma origem muito antiga, relativa à época de Jesus, onde era comum, depois de algum tempo, as famílias retirarem os ossos do sepulcro e encerrá-los em uma caixa, concluindo o arranjo da ossatura com o crânio e duas tíbias, ou fêmures cruzados abaixo dele, dispostos acima de todos os demais ossos.

Os Cavaleiros Templários também adotaram este símbolo como a bandeira de suas embarcações, após sofrerem perseguição por parte do Rei da França, Felipe, O Belo, e por parte do papa Clemente V, como uma forma de protesto às injustiças cometidas contra a *Ordem dos Pobres Cavaleiros de Cristo e do Templo de Salomão*.

Desde a Câmara das Reflexões, na qual se inicia a Jornada do Iniciando, até os mais altos graus do Rito Escocês Antigo e Aceito da Maçonaria, é possível encontrar a alegoria do crânio com ossos cruzados logo abaixo dele, em meio aos muitos Mistérios, Símbolos e Alegorias, que geram profundas meditações e Evolução de Consciência na eterna Busca dos Franco-Maçons pela Verdade.

O DESPERTAR

Caso tenha tido a sorte de receber o Arcano da Morte em uma consulta, se faz necessária a compreensão de que O Ceifador não representa, de forma alguma, a morte física de alguém.

A Morte vem para trazer o término necessário de um ciclo da Vida, a fim de que outros ciclos e fases possam começar.

Quando compreendemos que é justamente A Morte que garante a continuidade da Vida, ela passa a ser menos atemorizante, como desarrazoados também são os medos que nutrimos com relação ao que existe após a Transcendência do plano material para o plano Espiritual, uma vez que somos oriundos das Esferas Espirituais, sendo esta nossa Vida Eterna, tanto quando estamos encarnados como quando regressamos novamente para a Dimensão Espiritual, na qual também haverá uma conclusão de ciclo, tão logo tenhamos aprendido as Lições Espirituais que antecedem e nos preparam para uma futura encarnação.

O que seria do gênero humano se ele permanecesse para sempre na mesma fase cronológica da sua Vida? Alguém se imagina para sempre na infância, sem que O Ceifador conclua esta fase a fim de que se inicie a puberdade? O importante é mantermos para sempre viva em nós nossa Criança Interior. Até mesmo porque precisaremos dessa Criança bem viva quando O Ceifador agir algumas vezes mais, nos fazendo passar da puberdade para a adolescência, da adolescência para a fase adulta e da fase adulta para a velhice, que só pode ser chamada de "A Melhor Idade" por aqueles que souberam aproveitar a Vida, ao invés de levar uma mera existência não condizente com A Lenda Pessoal que todos estabelecemos para nós mesmos antes de encarnarmos.

A Morte encerra fases, tanto felizes como problemáticas em nossa Vida.

Quando o que se finda, podendo ser um trabalho bem realizado, um relacionamento abençoado, qualquer tipo de projeto bem-sucedido e até mesmo a Transcendência de um ente querido para o plano Espiritual, é natural o gênero humano fechar-se em luto durante um certo tempo que varia de pessoa para pessoa, de acordo com seu grau evolutivo de Consciência. É na recordação dos momentos felizes relativos ao passado que, pouco a pouco, a pessoa vai deixando seu casulo do luto mortuário e novamente abrindo as asas, tal e qual uma borboleta quando sai de seu estado de crisálida, substituindo a tristeza da perda pelo Bálsamo Curativo da Saudade, que nos reedifica em nível anímico com a certeza de que uma recordação feliz se eterniza em nosso coração, que bate em uníssono com o coração daqueles(as) que daqui já partiram, mas continuam Vivos e felizes por nós no plano Espiritual, cada vez que temos a compreensão de que a Transcendência do plano terreno para *O Reino que não é deste mundo* não é o fim da Vida, que já era Eterna em nosso âmago antes da nossa *Viagem*.

Devemos aproveitar a presença da Morte em uma consulta para pedirmos gentilmente a ela que nos ensine a Arte do Desapego, e que tenhamos o discernimento para saber concluir e finalizar ciclos com maturidade, compreendendo que neste mundo fenomênico tudo tem seu início, seu desenvolvimento, seu apogeu, seu declínio e o seu fim necessário, antes de podermos recomeçar tudo de novo.

Não tenhamos medo da Morte, a não ser que estejamos meramente existindo ao invés de Vivermos Plenamente a Vida. Independentemente dos resultados, jamais nos arrependamos dos ciclos fechados e concluídos do passado.

A Morte é tão sútil, invisível e passa inúmeras vezes por nós de forma tão despercebida, que não percebi Sua atuação enquanto escrevia estas palavras, assim como você também não. Somente a perceberá quando estiver lendo-as; mas saibamos que Ela está sempre presente no único tempo real da nossa Vida, *O Agora*, e isso é tão verdadeiro que, ao encerrarmos a leitura deste capítulo do livro, nosso Eu do passado que iniciou a apreciação dele não mais existirá: Terá morrido, sendo substituído pelo Eu do futuro, que será diferente deste nosso Eu que já começa a se tornar pregresso, enquanto um novo Eu renasce em maior amplitude de Consciência à luz da leitura destas palavras.

Outras Relações Mági(K)As A Serem Pesquisadas Pelos Sinceros Buscadores

Na Árvore da Vida da Kabballah Hermética, A Morte é o Caminho de Nun, que liga os Sephiroth Tipareth, (Beleza) e Netzach (Vitória).

Letra Hebraica: Nun/Significado: Peixe.

O Peixe é um dos símbolos mais antigos e emblemáticos do Cristianismo. No Gnosticismo, bem como dentro do Cristianismo Esotérico, encontramos cenas do Ágape ou Refeição de Confraternização, na qual, modernamente, vemos um grupo de pessoas repartindo o pão (*Fractio Panis*). Antigamente, o que se encontrava no centro da mesa rodeada por pessoas, em antigas pinturas Gnósticas, era o Peixe como símbolo do Cristo, que se oferece simbolicamente em um Sacrifício Cerimonial Iniciático, pelo qual se pode alcançar a Imortalidade da Essência, com a morte e a sublimação dos instintos egoicos e primitivos do eu terreno.

Astrologia: Escorpião.

Mitologia/Religião/Panteões: Os Mistérios do Domínio da Ciência da Ressurreição, de posse da antiga *Fraternidade de Luxor* estabelecida milhares de anos antes de Cristo por Seraphis Bey, Chohan do 4º Raio, da Grande Fraternidade Branca, de acordo com a Secreta Doutrina Teosófica/ O Gólgota, "O Lugar da Caveira" (Mateus 27:33), no qual foi crucificado o Mestre Jesus – O Cristo, bem como todos os Mistérios e a Simbologia Hermética relativa ao que se passou no Santo Sepulcro, até o momento da Ressurreição do Mestre Essênio, Messias e Avatar/A *Escola de Mistérios dos Mitos de Osíris*, na qual a Iniciação e a passagem de Graus versavam sobre a Vida, a morte e a Ressurreição do Deus Osíris.

Arcano 14 – A Temperança

A VISÃO
TEMPERANÇA, Quem tu és?

Eu Sou Aquela que, após A Morte/O Ceifador cumprir seu ofício de "*Término que garante o recomeçar*", recolhe as partes vitais que podem ser utilizadas em uma nova forma e maneira de veres a ti mesmo, em meio à Aurora Nascente de um Novo Mundo, e dou têmpera às novas esperanças, tal e qual quem forja uma nova espada, que nos permite lutar mais um dia e abrir os caminhos de uma nova e auspiciosa Jornada.

Eu sigo equalizando os extremos e equilibrando os opostos entre a razão e a emoção, a fim de saber utilizar os recursos em seu tempo, circunstância e local exatos, o que me permite chegar aos resultados almejados.

Consigo sublimar o que tem natureza material e terrena rumo à Luz da Alta Invisibilidade, da mesma forma que trago à manifestação na Terra tudo aquilo que está nos Céus e que porto em minhas asas angelicais para descarregar as bênçãos sobre os homens e as mulheres de Boa Vontade.

Eu conheço e posso te legar os segredos da Alquimia Espiritual, para que tu transmutes o chumbo do teu ego no Ouro da tua Essência.

Para os gregos, Eu Sou a Deusa Íris, que tem no *Arco-Íris* seu calçado, que é, ao mesmo tempo, uma Via pela qual eu levo rapidamente as mensagens dos(as) Deuses(a) à humanidade. Sou o equivalente feminino do Deus Hermes e ainda que seja uma Mensageira dos(as) Deuses(as), trabalho mais atendendo à Hera, Rainha das Deusas.

Quando convocada por Zeus e Hera, desço rapidamente à Terra para entregar mensagens, assumindo a forma de uma linda Mulher Alada, sendo esposa de Zéfiro, "O Vento Oeste". Nem as portas do Hades permanecem fechadas para mim quando estou a serviço de Zeus e, então, aproveito para encher minhas duas taças, que representam o equilíbrio entre o Sol e a Lua, nas águas do Rio Estige sobre as quais posso caminhar. Com essas águas, os Imortais se benziam e se precaviam de tudo o que era maligno.

Ao regressarem para o Olimpo, após cumprirem suas tarefas e missões na Terra, sou eu quem recebe Os(As) Deuses(as) com néctar e ambrosia.

Não me limito apenas a entregar as mensagens de Hera para os mortais, estando sempre à disposição desta Rainha Deusa, lhe preparando seus balsâmicos banhos, pesarosamente cumprindo suas vinganças quando algum humano transgride as leis que regem a Vida, a Natureza e o Universo; mas as principais funções às quais me entrego com prazer são Consolar e Pacificar, o que me faz ser adorada por toda a humanidade que tão carente de Paz está.

O DESPERTAR

Se a Deusa Íris brilhar no firmamento da sua consulta, baixe suas armas, abandone todo e qualquer tipo de extremismo e se permita ter seus pensamentos, palavras e ações temperados à Luz desta Alquimia Espiritual, que já está tornando você um ser humano melhor.

A Temperança vem ajudá-lo a equilibrar vários aspectos em sua Vida, serenar seu Coração e construir com você uma personalidade mais estável e equilibrada.

Íris não equaliza pela razão fria, objetiva e estratégica, como faz Atena, Deusa da Justiça. Seus ajustes na Balança são pautados por Misericórdia, nunca por conivência com o que está errado.

Está na hora de deixar o limitado entendimento racional de lado e abraçar a compreensão, que só os que estão de posse da Verdadeira Sabedoria podem oferecer no solucionar dos problemas e no equalizar das mais díspares e complexas situações.

Amor, emoções e sentimentos não são estáticos, necessitando o ser humano sempre manter um fluxo equilibrado e balanceado no tocante à manifestação de suas ideias, palavras e atos. Às vezes vingativos, outras vezes misericordiosos e acalentadores, vamos nos mantendo em equilíbrio, sempre procurando ajustar, afinar, lapidar e equilibrar nossos excessos, nunca permitindo com que uma taça transborde de impetuosa inconsequência, enquanto a outra seca de discernimento, compreensão e Boa Vontade.

Ao compreendermos o que se opõe a nós por detrás de uma forma superficial, ilusória e efêmera, é possível resolvermos qualquer problema, pois enxergamos por detrás das aparências a mesma Divina Essência que nos habita; então, cessa toda a necessidade do conflito, de fazer valer sempre a nossa "verdade pessoal", na realidade um capricho que os pobres de espírito ouçam chamar de "vontade".

O Arcano da Temperança, a partir do momento em que aceitamos humildemente que se dê a têmpera de nossos pensamentos, palavras, emoções e sentimentos, nos presenteia com a Paz Profunda; deixam de existir inimigos e opositores externos por estarmos em harmonia com todas as coisas, circunstâncias e seres que habitam sob o firmamento e para além dos Céus, bem como em equilíbrio com os que caminham sobre a Terra e ainda se ocultam em meio às desconhecidas entranhas dos Mundos Intraterrenos.

O Arco-Íris é um símbolo de reconciliação entre a humanidade e o Divino, como devemos buscar a Reconciliação do nosso eu exterior com o nosso Eu Superior, se quisermos nos reconciliar e viver em Paz com tudo e com todos ao nosso redor.

Sob as Asas da Temperança, que nossa Alma jamais se apequene ou se sinta desprotegida; que o nosso Coração jamais deixe de bater em uníssono com O(A) Deus(a) que nos Habita, tanto quanto Vive em nosso semelhante; que os nossos Pensamentos busquem sempre as soluções pacíficas e conciliatórias; e que nossas Ações estejam a Serviço do próximo e de Algo Maior do que pode sonhar nossa vã filosofia.

Outras Relações Mági(K)As A Serem Pesquisadas Pelos Sinceros Buscadores

Na Árvore da Vida da Kabballah Hermética, A Temperança é o Caminho de Samekh, que liga os Sephiroth Tipareth (Beleza) e Yesod (O Alicerce).

Letra Hebraica: Samekh/Significado: Esteio.

Da mesma forma que entendemos o esteio como uma peça que suporta, sustenta ou ampara algo, A Temperança é fluidez e retenção ao mesmo tempo, sabendo quando conter e quando liberar as energias naturais e astrais, a fim de que se sustente o Equilíbrio Universal pela harmonização dos opostos, nunca pela valorização dos extremos.

Signo: Sagitário.

Mitologia/Religião/Panteões: Deusa Íris, "A Personificação do Arco-Íris e Mensageira Dos(as) Deuses(as)/Na Bíblia, Gênesis 9:16, 17:

"16*Toda vez que o arco-íris estiver nas nuvens, Olharei para ele e Me Lembrarei da aliança eterna entre Deus e todos os seres vivos de todas as espécies que vivem na terra.*"

"17*Concluindo, disse Deus a Noé: Esse é o sinal da Aliança que estabeleci entre mim e toda forma de Vida que há sobre a terra.*"

Quando Deus resolveu destruir a humanidade por meio de um Dilúvio de proporções épicas, em virtude de inúmeras transgressões que o gênero humano vinha cometendo e, com isso, colocando em risco o equilíbrio e a harmonia do planeta como um todo, não deixou de olhar O Deus Emanador por Noé, homem bom, justo e cordato que jamais transgredira as Leis que regem a Vida, a Natureza e o Universo.

Foi ordenado a Noé que construísse uma grande arca, adentrasse nela com sua família e também levasse espécies de animais para serem preservados das intempéries climáticas. Noé assim o fez e, após resistirem ao Dilúvio, que durou 40 dias e 40 noites, a arca encalhou no topo do Monte Ararat. Sabendo que o nível das águas estava baixando e que já haviam regiões de terra seca, em razão de uma pomba que Noé soltava todos os dias e que regressou à arca com um ramo vegetal seco em seu bico, a arca teve suas grandes portas abertas e todos puderam sair dela para recomeçar a Vida na Terra sob a égide do Arco-Íris, como símbolo da Aliança que, a partir daquele momento, Deus restabelecia com o gênero humano, dando uma outra oportunidade de Evolução para a humanidade, só que agora pelos meios corretos.

Teosoficamente falando, este episódio bíblico é uma metáfora para a *Queda da Atlântida*, após quatro cataclismos que a fizeram submergir completamente nas águas.

Muito tempo antes já ocorrerá um Dilúvio, de acordo com as narrativas Sumerianas contidas no épico de Ziusudra, que também teria sido orientado Divinamente para construir uma grande embarcação, que conseguisse se sustentar sobre grandes e fortes correntes de água. De acordo com Atrahasis, o Dilúvio foi uma grande inundação pluvial.

Analisando os símbolos e as alegorias relativos ao Dilúvio. que também é citado em relatos Babilônicos e em praticamente todas as mitologias do mundo, valendo a pena ler a versão do Dilúvio Hindu, contida em textos como o *Satapatha Brahmana*, ou na versão grega do Dilúvio encontrada no *Timeu*, de Platão, é possível chegarmos às seguintes reflexões:

Dilúvio, essa grande inundação de "águas" (emoção), representa o descompasso e o desequilíbrio emocional e moral, aos quais a humanidade se entregou e que quase causaram sua destruição, não sendo muito diferente o estado de coisas atualmente, que se observa em todo o planeta Terra;

Os animais que foram embarcados na Arca de Noé são uma metáfora para representar os diferentes tipos de Gnose que havia em Atlântida e necessitavam ser salvos e preservados para a posteridade, o que acabou acontecendo por meio dos sobreviventes da Queda Atlante, que migraram levando essa Sabedoria para lugares como Egito, Grécia, certas regiões do que viria a ser a Grã-Bretanha, bem como regiões da Índia, Ásia, América do Norte e América do Sul;

A arca, vencendo as intempéries climáticas, bem como as correntes marítimas e pluviais intensas, representa o equilíbrio emocional que necessitamos ter se não quisermos afogar-nos em meio às oceânicas contradições emocionais que permeiam nossa Vida;

De acordo com a Teosofia, O Monte Ararat teria certas embocaduras que conduziriam a regiões mais intraterrenas, nas quais os que foram poupados do Dilúvio poderiam sobreviver em segurança até as águas – emoções descontroladas que levaram à guerra e à barbárie – baixarem.

Arcano 15 – O Diabo ou A Tentadora

A VISÃO
DIABO, Quem tu és?

Eu Sou O QUE TU DESEJAS, mas insistes em não admitir.

Quando mais tu me negas, mais intensa é minha força agindo sobre tua Vida, justamente por tua negação.

Ao me temeres por conta de pregações fanáticas, obscurantistas e repletas de ignorância na interpretação de certos Símbolos e alegorias, tu apenas me concedes mais e mais Poder para assombrar tua imaginação, ativar teu psiquismo e tornar tua Vida um verdadeiro inferno, porque tu assim o permites, ao não reconheceres que o único Diabo que existe é aquele que tu cultivas em tua mente, acreditas e deixas reinar livre, leve e solto em teu interior.

Meu melhor truque perante a humanidade foi justamente fazer com que pensasse que Eu não existia; então, o gênero humano foi perdendo gradativamente o interesse em Autoconhecimento e nos assuntos relativos à Busca Espiritual, que sempre foram e continuam sendo Vias por meio das quais o homem pode Me identificar escondido em seu próprio interior, trazendo-Me à Luz da sua Aceitação, única maneira de fazer com que eu perca meu poder de opressão sobre o gênero humano que não conhece a si mesmo e nega quem verdadeiramente É, bem como nega seus desejos, reprimindo-os e não os admitindo.

Certas Religiões e Filosofias de Vida afirmam que a raiz de todos os males está nos desejos.

Em verdade, os desejos não são a origem do Mal, um outro assunto que abordaremos em breve.

O problema não são os desejos, mas certas atitudes extremistas que o gênero humano comete para a realização deles. Se um desejo é satisfeito não comprometendo nem cerceando a liberdade de escolha do nosso próximo, então a realização dele é algo saudável. Agora, quando na satisfação de seus desejos pessoais a pessoa passa por cima de tudo e de todos, transgredindo as Leis que regem a Natureza, a Vida e o Universo, a partir deste momento o ser humano passa a condenar a si mesmo, atraindo sobre sua existência um Karma terrível, pela transgressão da Lei de Causa e Efeito.

O Diabo que assombra as pessoas não é uma força externa, mas um produto da falta de Autoconhecimento e da admissão do fato de que se, por um lado, somos seres luminoso, por outro, também temos trevas em nosso interior, as quais não se vence negando sua existência e sim colocando-as em seu devido lugar, ao não nos deixarmos influenciar por desejos descomedidos e de natureza egoica, sem a menor relação com nossa Real Natureza Divina.

No tocante ao Mal – um assunto totalmente sem relação com O Diabo criado pelas religiões de massa e fomentado por homens desprovidos de consciência –, é óbvio que ele existe, pois a partir do momento em que o homem acredita em Deus e no Bem, precisa o gênero humano estar pronto para admitir que tudo neste Universo tem seu oposto, em exatas proporções de força e tônica vibracional.

Já tentaram negar a existência do Mal, mas como poderia ele não existir se a maioria da humanidade acredita em Deus? Uma vez que Deus É O Todo-Poderoso por meio Do Qual existem os Universos visíveis ou invisíveis, manifestados ou ainda por se manifestar e todas as criaturas que Vivem neles, tu não acreditas que deixe de existir um lugar em meio a esses Universos e dimensões onde o Mal reine, justamente como a Outra Face de Deus, acreditas?

Mas, a Grande Desvelação vem agora com o que Eu vou te afirmar: "Nem ao Bem, nem ao Mal interessa o homem medíocre, comum e corrente que se vê na sociedade vigente. Quando Deus Olha para a Terra, Ele Vê um ponto luminoso e outro ponto que tem sua Luz encoberta por certa obscuridade, de maior ou menor grau. O ponto luminoso é justamente o Anjo Que Te Guarda e que te acompanha desde a tua primeira encarnação em nosso planeta e seguirá te acompanhando, até que atinjas a plena Iluminação da tua Alma e a Vitória da Ascensão. O segundo ponto, de luminosidade encoberta pela obscuridade, É a Essência Divina que Habita em ti como uma Fagulha Divina, Perfeita, Imortal e Infinita, esperando, apenas, que tu a faças virar uma Chama Interna, que te consuma em Luz tal e qual um avassalador incêndio, o que se consegue quando se Buscam o Autoconhecimento e a Evolução de Consciência.

O homem de Consciência Desperta, este sim, passa a ser disputado tanto pela Luz quanto pelas Trevas; então lhe cabe tomar uma decisão, como já falavam sobre isso os Cátaros – Puros Cristãos primitivos que professavam um Cristianismo Gnóstico e Esotérico em plena Idade Média e justamente por isso foram perseguidos, por condenarem os luxos e os privilégios da religião mundana que escravizava pelo medo, oferecendo em troca as Chaves de um Cristianismo simples que abria as Portas da Jerusalém Celestial – ao alertarem que os seres humanos eram como espadas, que uma hora teriam que escolher se iriam se dar nas mãos dos Anjos ou dos Demônios, em meio à Guerra da Ascensão, que sempre esteve presente em nível planetário desde a Aurora da humanidade.

Eu Sou O Diabo, também chamado de Legião, porque Sou muitos e, mesmo assim, me apresento nesta imagem a ti, totalmente solitário. Nem mesmo o casal acorrentado em meus grilhões, tão comum em outras versões dos diversos Tarôs existentes no mundo, tu vês aqui.

Não preciso aprisionar nenhum casal, pois o ser humano já se autoaprisiona por meio de seus medos, preconceitos e pensamentos arcaicos que, se já lhe privam totalmente a satisfação dos mais básicos desejos, o que dizer da manifestação de sua verdadeira Thelema, a qual só os fortes ousam manifestar, nunca se devendo confundir A Real Vontade com os egoicos caprichos?

Diabólico é meramente existir. É privar-se de uma Vida Plena desprovida de Individualidade, com medo do que os outros vão pensar; como se o gênero humano pensasse e, ainda que assim o fizesse, tivesse o direito de julgar seu próximo com medo, em verdade, de admitir seus próprios desejos e se encontrar Comigo no meio da Encruzilhada dos Destinos, que toda pessoa tem dentro de si e na qual um dia teremos que acertar as nossas contas.

O DESPERTAR

A TENTADORA se apresenta sem cerimônias em seu jogo, clara e direta como Ela É, para sensualmente sussurrar em seu ouvido a mais simples e ao mesmo tempo uma das mais importantes questões da sua Vida: "*O que tu desejas?*"

O ser humano medroso, assombrado por diabos, capetas, coisas ruins, tinhosos, capirotos, ditos-cujos e um número sem fim de outras denominações cômicas e anedóticas criadas pelas religiões de massa, foge para debaixo da cama ao ver e ouvir a doce e suave voz da Tentadora em seu ouvido, provocante, a lhe questionar sobre seus mais profundos e íntimos desejos, como se essa fuga adiantasse de alguma coisa.

A Tentadora vai atrás do fujão de quereres inadmitidos e sacando-o de debaixo da cama agora o fascina, não só com sua doce voz, mas também com seu olhar sedutor e mais uma vez faz a mesma pergunta: "*O que tu desejas?*"

Nessa segunda tentativa de fazer com que a pessoa deixe a letargia de uma existência infeliz de desejos não realizados de lado, alguns nem ao menos admitidos, A Tentadora obtém sucesso em seu questionar, lhe sendo reveladas ambições, fantasias, desejos e sonhos mais íntimos e secretos, aos quais ela simplesmente sugere ao confesso: "*Então vais agora e realizas o que tu desejas*".

Muitos diriam que a pessoa deve fugir da Tentadora, não lhe responder nada e muito menos seguir seu conselho no tocante a realizar seus sonhos desejos e ambições, como se o gênero humano tivesse força o suficiente para fugir eternamente das tentações que vão dentro de si.

A Tentadora faz dois grandes favores ao ser humano: (1º) Ela nos faz admitir o que há muito temos negado; (2º) Ao sugerir que realizemos os nossos desejos, A Tentadora nos liberta da hipocrisia de não se admitir o que se quer, bem como de não se assumir o que verdadeiramente e em Essência se É.

Com a presença do Diabo em uma consulta se recomenda evitar os conflitos, bater de frente, evitar ou fazer provocações desnecessárias, uma vez que os que combatem fogo com fogo acabam ficando só com as cinzas.

O Pentáculo, não invertido, que se vê entre as pernas abertas do Diabo, neutraliza qualquer ideia negativa que poderia ser associada à figura.

A Tocha acessa entre os cornos da Tentadora, símbolos de poder e de virilidade, em conjunto com os chifres, compõe a letra hebraica SHIN que, entre vários significados, representa o Equilíbrio Divino entre as forças, podendo receber esse foco de luz o nome de "*Luz Mágic(K)a do Equilíbrio Universal*". Como um último significado que possui essa chama entre os chifres, figura também a Alma elevada acima da matéria, embora não completamente liberta dela, mas subjugando-a. E quanto a este último significado, poderíamos comentar que as elevadas aspirações da Alma humana deveriam estar sempre acima dos seus instintos puramente materiais, até mesmo para que o ser humano pudesse desfrutar do plano material de maneira mais salutar, sendo sempre o seu senhor e nunca o seu escravo.

O Diabo é um convite para ajoelharmo-nos frente À *Baphomética* Tentadora, erguermos nossos braços em direção à tocha entre os chifres e segurá-la fortemente com ambas as mãos, a fim de que possamos nos reconhecer, nos admitir e nos permitir sermos o que verdadeiramente somos, iluminados agora à Luz do discernimento, enquanto somos envolvidos em um acalentador abraço de braços e de pernas, no qual se consomem nossas paixões e nasce a fina flor do Amor-Próprio daquele(a) que descobriu a si mesmo(a) e se libertou da necessidade da autoilusão para agradar as circunstâncias e a sociedade exterior, para as quais nada se deve.

Outras Relações Mági(K)As A Serem Pesquisadas Pelos Sinceros Buscadores

Na Árvore da Vida da Kabballah Hermética, O Diabo é o Caminho de Ayin, que liga os Sephiroth Tipareth (Beleza) e Hod (O Esplendor).

Letra Hebraica: Ayin/Significado: Olho.

O Olho, significado da letra Ayin, indica uma reorganização de perspectiva, uma nova visão a respeito do mundo, das coisas, da Vida, do ser humano e, por que não dizer, uma nova visão a respeito do próprio Diabo? Nessa nova Visão, O Diabo não é visto como uma entidade maléfica independente, mas como os instintos e as trevas que todos temos em nós mesmos e que, uma vez vencidos, nos permitem conhecer a Divina Essência no âmago dos nossos seres, a fim de que possamos nos Reencontrar com o Deus da nossa compreensão e do nosso Coração.

Quando diante das trevas, é tendência natural do gênero humano aspirar à Luz, o que explica o caráter tão Iniciático do Arcano XV.

Astrologia: Capricórnio.

Mitologia/Religião/Panteões: O Baphomet, a incompreendida e enigmática "*Esfinge dos Templários*", à qual eles jamais prestaram culto ou adoração; Baphomet é uma diversidade de símbolos Herméticos e Esotéricos que, uma vez compreendidos, são as chaves para os segredos da Alquimia, bem como a garantia do despertar da Verdadeira Consciência Espiritual.

Arcano 16 – A Torre

A VISÃO
TORRE, O que tu és?

Eu Sou "O Grande Despertador" que te acorda de uma vã existência sem sentido, por meio do ensurdecedor estrondo do trovão e da luz fulminante do relâmpago que, embora te cegue momentaneamente, também faz com que tu feches os olhos para tudo aquilo que tens experienciado até agora, muito mais por tua acomodação e falta de coragem para virar o jogo, do que pela satisfação pessoal, a qual não vivencias já há um bom tempo.

Sou o mais kármico de todos os Arcanos Maiores. Trago os resultados dos teus pensamentos desprovidos de profundidade, das tuas palavras verbalizadas inconsequentemente e das tuas ações realizadas sem a menor responsabilidade.

Também represento o castigo do ego, do orgulho, da vaidade, da soberba e das pretensões, desde a época da insana construção da *Torre de Babel* (Migdal Bavel), na Babilônia, até os dias atuais, nos quais Deus se Oculta cada vez mais e mais dos homens, uma vez que eles parecem ter perdido a habilidade de ajoelhar (humildade) para adorá-Lo.

Posso ser uma metafórica Bastilha que precisa ser tomada e quedada, exatamente como aconteceu na época da Revolução Francesa. O gênero humano estagna e se deixa acomodar quando passa a acreditar em palavras como certeza, apego, segurança, controle e imutabilidade. Pouco a pouco, vai ficando encarcerado, como um prisioneiro dentro de si mesmo, se tornando homem comum, corrente e medíocre passando a dizer que "*sempre foi assim e não há por que mudar agora*".

Os Universos visíveis ou invisíveis, manifestados ou ainda por se manifestar, são mutáveis, da mesma forma que a Vida, a Natureza e o próprio ser humano também se encontram sob a Lei da Mutabilidade Universal. Não admitir isso é começar a solidificar os pensamentos, erguendo muralhas impenetráveis de ideias arcaicas e obsoletas, das quais os de mentes fechadas ainda se orgulham para piorar ainda mais a situação. É emparedar os sentimentos do coração, não conseguindo mais expressar nem receber o Amor que nos revigora e torna tudo novo a cada dia. Finalmente, a pessoa que não muda nem se adapta às mutações universais ao seu redor começa, até mesmo, a condicionar seus movimentos que passam a se tornar robóticos, uniformes e desprovidos de fluidez, elasticidade, graça e naturalidade, o que pode gerar uma série de problemas de saúde no futuro.

Chega um ponto em que toda esta calcificação mental, emocional, física e até mesmo espiritual, quando estamos a lidar com fanáticos, se torna insustentável, asfixiante e pesada demais para qualquer ser humano suportar; então, se veem a queda, o rompimento e o desmoronar da pessoa, acrescidos da perda e do comprometimento de várias áreas, circunstâncias e relacionamentos que se rompem de um modo que a reconciliação e a recuperação se tornam impossíveis.

Como A Torre, Eu Sou relâmpago, trovão, tornado, ciclone, *tsunami*, furação e até mesmo lava e erupção vulcânica, se preciso for, para despertar os mais adormecidos e colocar um fim em ciclos intermináveis de procrastinação, adiamentos e alienações, para os quais a melhor saída agora é aceitar o desmoronar das vencidas certezas e das falsas seguranças, começando tudo de novo em meio a um dinâmico processo de reconstrução da Vida, reiniciando pela regeneração do próprio ser.

O DESPERTAR

Caso A Torre esteja desmoronando sobre a sua cabeça, se estiver tendo os olhos fulminados pelo relâmpago e os ouvidos bem abertos pelo chamado do estrondo do trovão a convocá-lo para se desvencilhar da existência levada até aqui, é melhor aceitar esse inevitável encontro com o Destino, o qual já havia programado antes mesmo de encarnar.

Por mais dolorosas, inesperadas e repentinas que possam ser as drásticas e radicais mudanças promovidas pela Torre, ela nos permite uma libertação de tudo o que nos oprimia, nos asfixiava e nos impedia de continuarmos progredindo e expandindo nossa Consciência.

Ao longo da existência, o ser humano vai construindo suas "torres para inglês ver", que são comparadas a muros ornamentados e pintados com cores esplêndidas, que desbotam e não resistem à primeira garoa mais forte. São as velhas e falsas fachadas de respeitabilidade social questionável, por detrás das quais se ocultam alguns segredos constrangedores que não podem mais se sustentar pelo verniz das frágeis aparências que vêm abaixo com a Torre, deixando a pessoa desnuda diante de sua própria Consciência, lhe restando cingir-se com a *Toga da Pureza, Humildade e Verdade Originais*, única maneira de começar a reedificar sua Vida.

Temos que reconhecer quando a existência levada até então chega ao seu limite, pois é impossível continuar repetindo antigos padrões de comportamento e não sofrer.

O desapego, no mais profundo sentido desta palavra, encontra-se implícito no Arcano da Torre. Se faz necessário deixar ir, abrir mão da ilusão do controle e romper com muralhas de hipocrisia erigidas ao longo dos nossos anos de vida, quase sempre para satisfazer as exigências de uma sociedade para a qual nada devemos.

Não se deve temer a perda que nos garantirá o ganho no futuro, pois de que adianta tentarmos manter aquilo que já está comprometido irremediavelmente e continuar vivendo sob a égide de aflições e tormentos sem fim?

Para os de Consciência pouco evoluída, A Torre é vista apenas como uma sucessiva sequência de desastres, perdas, tragédias pessoais e má sorte. Já para os afeitos à Busca Espiritual, esses encaram a Torre como o desbastar das arestas egoicas do próprio ser; e munidos de Coragem, Fé e Esperança buscam, por entre os escombros, a pedra bruta que, uma vez polida pelo esmero, pelo esforço e pela dedicação no processo do Autoconhecimento, poderá ser utilizada na reconstrução da própria e envelhecida existência, rumo a uma Vida mais Plena, a qual tenha relação com nossa Real Natureza Divina.

Outras Relações Mági(K)As A Serem Pesquisadas Pelos Sinceros Buscadores

Na Árvore da Vida da Kabballah Hermética, A Torre é o Caminho de Peh, que liga os Sephiroth Hod (Esplendor) e Netzach (Vitória).

Letra Hebraica: Peh/Significado: Boca.

Astrologia: Marte.

Mitologia/Religião/Panteões: Estudar *A Queda de Atlântida* e o final dos Grandes Impérios e Civilizações Iniciadas do Passado/*A Torre de Babel*, cuja narrativa deste episódio se encontra em Gênesis 11: 1, 9/*A Tomada da Bastilha*, episódio emblemático em meio à Revolução Francesa.

Arcano 17 – A Estrela

A VISÃO
ESTRELA, Quem tu és?

Eu Sou o Anjo da Esperança que espalha o seu bálsamo sobre os teus dias mais tristes e que, às vezes, manifesto-me no sorriso de uma criança.

Apresento-me para te dizer que mesmo em meio À *Noite Escura da Alma*, também chamada de *A Noite Escura da Fé*, é possível encontrares motivos para a prática da Gratidão, na medida em que, em meio às trevas, tu deves saber como fazer raiar tua Luz Estelar interior, já que todos os homens e mulheres são Estrelas que giram em torno de si mesmos(as), numa espécie de individualismo cósmico e não egoico, o qual, uma vez compreendido e trabalhado, provê para o gênero humano um manancial inesgotável de Luz e de Esperança, pelo qual qualquer travessia adversa é superada pela manutenção da Fé.

Como Estrela represento, tal e qual a *Estrela de Belém*, o advento de algo luminoso, bom e novo, com o potencial para renovar todas as coisas.

Não precisas mais do que a luz das estrelas para te conduzires em meio a correntes oceânicas, como faziam os antigos navegantes, uma vez que podem ser atingidos quaisquer pontos cardeais da Terra, levando em consideração certas estrelas fixas que nunca saem do lugar no firmamento.

Ao te concentrares em tua Luz Interior, este centro luminoso do teu ser sempre à disposição para ser usado como uma Estrela-Guia, a partir da valorização desta tênue luz de brilho próprio que te pertence, podes ir ampliando tua Fé, teu otimismo e a Esperança de dias melhores, te convertendo em um verdadeiro Sol que cura, repara e regenera uma visão distorcida, equivocada e ilusória da realidade, que resplandece luminosa tal e qual uma gloriosa Aurora nascente, quando te concentras no presente, deixando para trás um passado nebuloso, abrindo também mão de um futuro de ansiedades, compreendendo que é possível ser Feliz, aqui e agora, ao valorizares as coisas simples da Vida, que independem de complexibilidade para serem vivenciadas e aproveitadas ao máximo.

Minha Luz te mostra que a Felicidade é uma escolha, a qual nada nem ninguém pode se opor quando decides verdadeiramente ser Feliz e levar a Vida de modo simples, leve e despojado.

O DESPERTAR

Leveza, Felicidade, Fé e Esperança renovadas brilham na consulta de quem retira o Arcano da Estrela.

Cessa toda a ilusória necessidade de ser o que não se é. A Autoconfiança retorna, ainda que de forma tímida, mas forte o suficiente para manifestar os sonhos, metas e objetivos há tanto almejados em seu coração.

Este é um momento de clareza, sinceridade e ausência de subterfúgios.

Com a Luz da Estrela, uma vez mais ousamos acreditar em nossos potenciais e habilidades para lutar até o fim pelo que acreditamos.

Desvencilhamo-nos de tudo o que não é urgentemente necessário e aprendemos a viajar leves pelas veredas da Vida, pois se o *Caminho de Santiago de Compostela* tem uma lição inesquecível para nos ensinar é a de que o peregrino que inicia O Caminho sobrecarregado em sua bagagem não chegará nem à metade dele. O desapego de coisas que considerávamos importantes e o afastamento de pessoas que nada tinham a agregar em nossas Vidas nos permitem concentrarmo-nos no que verdadeiramente importa e, quando damos por nós, de forma natural e fluídica, se apresenta uma nova fase em nossa Vida.

Desapego e Felicidade são as duas palavras-chaves deste Arcano, pelo qual aprendemos que:

A Felicidade Espiritual só é possível quando iluminamos a nossa Alma por meio do Autoconhecimento, de práticas religiosas e Iniciáticas totalmente desvinculadas de fanatismo e da necessidade de excluir o nosso próximo do Sagrado, apenas porque ele acredita em outras formas de Manifestação Divina. A Essência de qualquer Religião, Filosofia de Vida e autêntica

Tradição Esotérica é o Amor que tudo tolera, tudo compreende e reconhece Deus muito mais no *Sanctum Sanctorum* do "Homem/ Mulher Templo" do que em estruturas de pedra e dogmatismos petrificados pelo tempo;

A Felicidade Emocional advém da compreensão de que Amor e paixão são duas coisas completamente diferentes, porque enquanto o primeiro liberta, a segunda escraviza, oprime e aflige pelos sentimentos de posse, apego, ciúmes, submissão e toda uma série de posturas totalmente desvinculadas do Verdadeiro Amor. Amar é respeitar a individualidade do próximo, tal como queremos que a nossa individualidade seja respeitada: se nos entendemos, então tudo está certo e, caso discordemos, melhor ainda, pois isso nos ensina a respeitar a Liberdade de Escolha das outras pessoas, que têm tanto direito de possuírem suas verdades pessoais quanto nós; e que ninguém queira impor sua razão como a "verdade suprema" que deve reger o Universo, até mesmo porque A Verdade Universal é incompreensível à limitada consciência objetiva e completamente distinta das relativas e transitórias verdades que existem em nosso mundo fenomênico;

A Felicidade Mental é o resultado de querer aprender sempre, jamais se considerando "o(a) conhecedor(a) supremo(a) de todas as coisas, temas e matérias". Nas páginas de bons livros e nas práticas de reflexão e meditação, encontra-se a nossa Felicidade Mental, que é cultivada por Professores de Alma e de Sincera Vocação, completamente desvinculados de qualquer tipo de ideologias, mas seriamente comprometidos com a formação não só do nosso intelecto, mas principalmente do nosso Caráter, cuja primeira Preceptora na formação dele é a nossa Família. De nada vale o brilhantismo intelectual e metros de diplomas e certificados pendurados na parede, pois o que os sustenta não são os pregos, muito menos os títulos pomposos, mas sim a Educação de seus donos, agregada à Bondade e à Humildade no trato para com todas as pessoas;

A Felicidade Material se dá quando o gênero humano desfruta da matéria como seu senhor e nunca como seu escravo, se utilizando dos seus recursos materiais para fazer e promover o bem. Quem trabalha unicamente para amealhar fortunas, motivado por ostentação, *status*, cobiça e ganância, correndo atrás do dinheiro como se estivesse em meio a uma insana e insaciável busca frenética, não exerce sua profissão para Servir ao próximo, muito menos tem satisfação pessoal naquilo que faz, sendo o trabalho um mero meio de subsistência. Prosperidade, Fartura, Abundância e Riqueza Material se dão ao homem que coloca o seu Coração naquilo que faz, procurando fazer do seu Ofício um Ato Sagrado de Dedicação e Serviço ao próximo, lembrando as palavras do Mestre, Jesus – O Cristo, que foi muito claro ao dizer: "*Pois onde estiver o teu tesouro, ai também estará teu coração*" (Mateus 6: 21).

Eleve sua Alma, abra seu Coração e direcione sua Mente para tudo aquilo que é natural, simples e verdadeiro, pois o Anjo da Esperança, manifestado na forma de uma jovem de vestes humildes, que porta um singelo círio, cuja chama contém o brilho das constelações, se manifestou em sua consulta para trazer-lhe a seguinte mensagem:

"*Lembra-te. A Esperança não é a última que morre e sim aquela que constantemente Renasce, quando em meio a mais profunda tristeza tu dizes: Eu creio!*"

Outras Relações Mági(K)As A Serem Pesquisadas Pelos Sinceros Buscadores

Na Árvore da Vida da Kabballah Hermética, A Estrela é o Caminho de Tzaddi, que liga os Sephiroth Netzach (Vitória) e Yesod (O Alicerce).

Letra Hebraica: Tzaddi/Significado: Anzol.

O Anzol representa a busca da Realidade Superior pelo Buscador Espiritual, quando ele entra em estado de meditação. Então, o Eu Superior, agora Desperto, tal e qual uma vara de pescar, puxa a personalidade inferior das profundezas involutivas, nas quais ela se encontra mergulhada e começa, assim, a Jornada da Essência, ruma À *Reintegração* ao Deus do nosso Coração e da nossa compreensão.

Astrologia: Aquário.

Mitologia/Religião/Panteões: Estudar *O Tetragrammaton*, "O Pentagrama Esotérico"/A "Estrela Flamejante" dos Maçons/O Pentagrama, símbolo máximo da *Religião Wicca/O Pentagrama Gnóstico* dos Pitagóricos/ *A Estrela de Cinco Pontas* de cor azul índigo, igual à "Mística Estrela de Sanat Kumara", que simboliza a Vida de Cristo como Instrutor do Mundo, Mestre Essênio, Messias e Avatar, segundo o Ocultista e Espiritualista, Vicente Beltrán Anglada.

Arcano 18 – A Lua

A VISÃO
LUA, Quem tu és?

Eu Sou Ísis, A Grande Mãe de todos os Mistérios, Iniciadores e Iniciados;

Eu Sou Diana, a bravia, virginal e jovem Caçadora;

Eu Sou Hécate, A Poderosa Deusa/ Rainha de todas as Sacerdotisas, Bruxas e Feiticeiras;

Eu Sou Nossa Senhora, A Rainha de todos os Anjos e Mãe de Deus, a acalentar meus filhos e filhas abaixo do meu Sagrado Manto azul estrelado;

Eu Sou Iemanjá, A Senhora, Mãe e Rainha do Mar.

Tenho mais nomes relativos ao Sagrado Feminino do que as fases da Lua, Soberana da Noite e eternamente honrada pelos uivos dos lobos.

Meus caminhos são secretos e sinuosos para ensinar aos(às) meus(minhas) filhos(as) que nada permanece reto por muito tempo, em meio a este mundo fenomênico transitório, onde impera a Lei da Mutabilidade.

Estradas ermas em terras inóspitas e desconhecidas, que contornam misteriosos lagos de profundidades abismais, são uma pequena parte dos meus Hieráticos Domínios, nos quais só se aventuram os intrépidos, os loucos e os Franco-Iniciados e Altos Adeptos, que por terem raiado sua Luz Interior não podem mais ser ludibriados nem pelas aparências e traições oriundas do mundo exterior, muito menos obsedados por insidiosas entidades e seres que habitam as baixas esferas do Astral Inferior.

Cães, lobos e chacais são as sentinelas a guardar as Vias que conduzem às ruinas de antigos Santuários Iniciáticos, nos quais ainda se oculta A Sagrada Chama da Sabedoria, a qual não se lega ao temerário e dissimulado que teme falhar em sua desafiadora Jornada Iniciática, antes mesmo de cruzar O Umbral do Mistério.

A Lua é Rito de Passagem, no qual nos entregamos a lobos, cães e chacais – estes últimos alusivos ao Deus egípcio, Anúbis –, a fim de que nos devorem, para que nada nos reste da nossa pregressa existência. Depois, nossos restos são lançados nas águas do lago para emergirmos delas como o *Homo Novus* de Desejo de Reintegração ao Deus do nosso Coração e que acaba de ser trazido à superfície das escuras águas de emoções mal resolvidas por um crustáceo em algumas versões do Tarô, o qual, em outras versões, é substituído por um escorpião, ambos os animais associados às profundezas que temos de descer, no âmago de nossos seres, se quisermos passar pelas Provas Iniciáticas, Renascer e ter o direito de pleitear A Luz da Iniciação.

O DESPERTAR

Caso estejamos sendo iluminados pela tênue luz da Lua em nossa consulta, é chegado o momento de ficarmos atentos, protegidos e prevenidos pela Prudência e pelo comedimento em nossos pensamentos, palavras e ações, a fim de nos esquivarmos habilmente das contradições e das polêmicas oriundas do nosso exterior.

O Décimo Oitavo Arcano tem sido comumente associado aos inimigos ocultos e aos perigos desconhecidos que espreitam todos os Sinceros Buscadores em sua Jornada rumo à Iluminação e ao conhecimento de si mesmos.

Não há nada o que se temer e devemos enfrentar as provas do nosso cotidiano, jamais afrontando o desconhecido, mas respeitando o que ainda desconhecemos, por meio do discernimento oriundo de profundas reflexões que devem sempre anteceder nossas ações.

Com relação aos falsos amigos e aos caluniadores desprovidos de caráter, eles acabam caindo em suas próprias armadilhas quando nos negamos a levar adiante suas fofocas e difamações, rompendo assim com um círculo vicioso de mentirosas injúrias que cessam totalmente quando expomos a Verdade aos alvos de suas intrigas.

Já no que diz respeito aos inimigos declarados, mais dignos do que aqueles que escondem suas traições sob vis adulações, pedimos a Deus que sejam fortes, para que não sintamos remorso ao derrotá-los e às suas animosidades e ataques gratuitos, que se voltam sempre contra o próprio agressor, que contrai um terrível karma ao tentar prejudicar quem nada tem a temer porque nada deve.

É na soma do número 18, que rege o Arcano da Lua, que se encontram as respostas que buscamos ao convertemos esse número para o 9, o qual rege o Eremita, nosso melhor conselheiro para atravessarmos as fases da Lua com segurança, cobrindo-nos com o *Manto da Discrição*; caminhamos apoiados pelo cajado da *Prudência*, estendendo comedidamente À *Luz do Discernimento*, com a qual vamos iluminando nosso caminhar, a fim de que não cometamos os mesmos erros do passado, sabendo o que queremos no presente e não dando o passo maior do que a perna em direção ao futuro, evitando almejar o que ainda nem começamos, desconhecemos e não temos proficiência para lidar.

No tocante ao Plano Espiritual, a Lua nos aconselha a fortalecermos a nossa Fé e buscarmos o auxílio dos Seres da Alta Invisibilidade, Nos Quais depositamos a nossa confiança em tempos de incerteza, a fim de que Eles venham em nosso auxílio.

Em matéria de Evolução de Consciência e Autoconhecimento, A Lua nos propõe buscarmos os *Ritos de Passagem*, por meio dos quais o gênero humano adquire a sua maturidade e discernimento a respeito da sua atual Missão de Vida e de como ela deve ser cumprida.

O equilíbrio das relações humanas, sentimentos e amores, sob à luz da Lua, requer que abandonemos as nossas efêmeras paixões e deixemo-nos guiar pela Intuição, a fim de que saibamos se somos, ou não, correspondidos em nossa empatia e dedicação ao próximo.

Aconselham-se as reservas, as poupanças e as economias quando A Lua está no céu da nossa consulta, evitando assumir novos riscos, gastos e despesas, sendo muito gratos por tudo aquilo que obtivemos até aqui, uma vez que a Gratidão é uma das maiores Chaves que abrem os cofres da prosperidade, da fartura e da abundância.

Munidos pelos conselhos apresentados, estamos prontos para atravessar todas as fases da Lua, enquanto aguardamos a *Dourada Aurora Nascente*.

Outras Relações Mági(K)As A Serem Pesquisadas Pelos Sinceros Buscadores

Na Árvore da Vida da Kabballah Hermética, A Lua é o Caminho de Qoph, que liga os Sephiroth Netzach (Vitória) e Malkuth (O Reino).

Letra Hebraica: Qoph/Significado: Nuca/Orelha.
Astrologia: Peixes.

Mitologia/Religião/Panteões: Ísis, Mãe de Hórus, que se transformando em um *Milhafre* bateu suas asas sobre Osíris ressuscitando o seu marido, após ter recuperado as partes do corpo dele, esquartejado e espalhado por todo o Egito por Seth, o irmão invejoso de Osíris; Ísis, "A Mãe de todos os Mistérios", aguardava os Iniciandos das Fraternidades Herméticas do antigo Egito, para comunicar-lhes os Segredos da Natureza Universal/Diana, "A Corajosa Caçadora", representação da face virginal e jovial da Lua/Hécate, A Rainha/Deusa das Sacerdotisas, Bruxas e Feiticeiras, "Senhora Suprema da Magia".

Vale a pena serem pesquisadas tantas outras Faces do Sagrado Feminino, como filhos(as) da Grande Deusa, Senhora, Mãe e Rainha que somos todos nós.

Arcano 19 – O Sol

A VISÃO
SOL, Quem tu és?

Eu Sou Rá, O Deus egípcio do Sol, "Pai dos Deuses" e "Pai da Humanidade", "O Criador do Mundo";

Eu Sou *Helius* (Latim), "O Deus do Sol", para os gregos; *Aquele que atrela o Astro Rei em sua Carruagem Solar* para percorrer os céus, puxada por quatro corcéis de fogo;

Eu Sou *Belenus* (Latim), "O Deus Celta do Sol"; "*O Justo e Brilhante*" ou "*A Luz Brilhante*"; Cura, Regeneração e Justiça são alguns de meus poderes;

Eu Sou Huitzlopochtli, "O Deus Asteca do Sol", Padroeiro da cidade de Tenochtitlán, capital da confederação Asteca; Presido o Estado, a guerra e a morte para os Astecas;

Eu Sou Jesus – O Cristo, "A Luz do Mundo"; Sou "*O Divino Reparador e Regenerador dos Mundos e dos homens*".

Neste mundo contemporâneo onde grassam as trevas da ignorância, do obscurantismo e do fanatismo, Eu me ergo todos os dias como uma luminosa certeza de que nem tudo está perdido, cabendo ao gênero humano descobrir a Luz dentro de si. E a forma mais fácil de fazer isso não é complexa, mas incrivelmente simples, quando passamos a ver a Vida, a Natureza e os Universos com os olhos da nossa *Criança Interior*, para a qual nada é impossível, difícil demais ou inacessível.

Eu Sou Cura e Regeneração, Amor e Incondicional União, e o eterno anseio do *Homem de Desejo* – sempre citado nas obras do Filósofo Incógnito, Louis Claude de Saint-Martin – que aspira à Vitória da Ascensão e posterior Reintegração ao Deus do seu Coração.

Sob os meus raios, nada nem ninguém podem se esconder. Eu Sou o fim de todas as falsidades, de todos os subterfúgios, equívocos e enganos. Os fiéis e aqueles que honram meus inúmeros e Sagrados Nomes possuem olhos de fogo, diante dos quais o timorato, o desprovido de caráter, moral e integridade não se sustenta, muito menos ficam de pé suas intrigas, armações e tentativas de praticar suas manipulações, calúnias e maldades baseadas numa pseudointeligência, da qual *o esperto* se vangloria e os incautos acreditam.

Eu estou vinculado à História Evolutiva da humanidade em nível espiritual, pois desde o início dos tempos, o homem tem me buscado incessantemente, sendo raros aqueles que me encontram e mais raros ainda os que realmente me compreendem e usam bem a minha infinita Sabedoria.

Não é difícil encontrar a Luz. Difícil é descobrir o Verdadeiro Amor por si mesmo, suportar o seu brilho sem se deixar cair nas armadilhas da soberba e da vaidade, e continuar progredindo no processo do Autoconhecimento. Somente reencontrando o que há de mais valioso no homem, sua Luz Interna, é possível se transformar em um farol de Virtude, Integridade, Moral e Serviço ao próximo, por meio do qual podemos tornar Feliz a humanidade.

O DESPERTAR

O Sol veio para iluminar a sua consulta, de forma que não exista mais o espaço para qualquer sombra de dúvidas e incertezas com relação à Felicidade, que agora se torna plenamente possível de ser vivenciada em todos os níveis, esferas e planos da sua Vida.

Saúde Plena e Cura podem agora se manifestar, acalentando docemente os enfermos em nível físico, mental, emocional e espiritual.

A Prosperidade, a fartura e a abundância, que permitem a realização de projetos, sonhos e objetivos há tanto tempo almejados, tornam-se cada vez mais possíveis com a subida do Sol para iluminar o Meio-Dia da sua Vida, ao qual você chegou quando deixou para trás tudo aquilo que era supérfluo, efêmero, arcaico e obsoleto, passando a se dedicar ao que realmente está em sintonia com a sua Real Natureza Divina.

A criança de braços abertos para receber a luz do Sol, de uma simplicidade emocionante, é *A Criança da Promessa*, citada nos mistérios da Religião Wicca e celebrada no *Sabbat de Yule*, que nasce em meio ao Solstício de Inverno, a noite mais longa do ano, para trazer a Luz da Redenção à humanidade, quando atingir sua plenitude de energia, luz, força e calor, no Solstício de Verão, em meio a celebrações do *Sabbat de Litha.*

As rosas amarelas e girassóis se voltam para saudar a criança, representando o quão bem reage a natureza, sempre apoiando e amparando todo aquele que faz raiar sua Luz Interior e passa a compreender o mundo à sua volta, contemplando-o com os olhos da pureza imaculada, do bem e da inocência, que lhe permitem ver além das aparências das formas exteriores, podendo O Iluminado comungar com a Essência de todos os seres.

Não há nada para ser temido em meio ao Arcano do Sol. Tudo é Luz, Clareza e Verdade. As sombras do passado ficaram para trás, o presente é o único tempo aceito pela nossa Consciência, agora Iluminada, e o futuro começa a ser traçado no agora, não mais ansiado ou temido, mas aguardado em serena e esperançosa expectativa.

Usufrua ao máximo desse momento luminoso e não o deixe passar, aproveitando a oportunidade para clarear e esclarecer tanto os aspectos exteriores como os interiores da sua Vida e do seu ser.

Outras Relações Mági(K)As A Serem Pesquisadas Pelos Sinceros Buscadores

Na Árvore da Vida da Kabballah Hermética, O Sol é o Caminho de Resh, que liga os Sephiroth Hod (Esplendor) e Yesod (O Alicerce).

Letra Hebraica: Resh/Significado: Cabeça.

Apesar de o Coração, relacionado ao Chakra Cardíaco, *Anahata*, ser um importante Centro Luminoso no qual se dá a interação entre as energias terrenas e espirituais, os Santos recebem suas auréolas sobre suas cabeças, da mesma forma que o Mestre, Jesus – O Cristo – é Coroado por um Sol na maioria das estátuas e obras de arte sacras, dedicadas à sua Divina Pessoa e Presença. Somente quando os milhares de pétalas do Chakra Coronário, *Sahasrara*, localizado acima da nossa cabeça, se abrem é que atingimos o estágio de *Consciência Búdica*, nos tornando completamente Iluminados e libertos das ilusões do mundo material.

Astrologia: O Sol.

Mitologia/Religião/Panteões: Rá, "Deus do Sol" para os egípcios, a Quem se atribui a criação do mundo e também o Primeiro Ser responsável e participante da *Enéade* egípcia, composta pelos(as) Deuses(as): Shu e Téfnis; Geb e Nuit; Osíris, Seth, Ísis e Néftis/ Hélios, "Deus do Sol" para os gregos e que trazia o Sol atrelado à sua carruagem, puxada por quatro cavalos de fogo, a cruzar os céus/"Sol Invictus", Deus do Sol oficial em todo o Império Romano e no qual o jovem Imperador Romano, Constantino, basearia várias ideias que foram depois incorporadas ao posterior Cristianismo, o qual o Imperador permitiu que fosse cultuado em seu Império/Mestre, Jesus – O Cristo, "A Luz do Mundo", *O Divino Reparador e Regenerador dos Mundos e dos Homens* para os Cátaros, Templários, Martinistas e outras Fraternidades Herméticas/Esotéricas/Iniciáticas/Gnósticas, bem como para outras Religiões de Mistérios.

Arcano 20 – O Julgamento

A VISÃO
JULGAMENTO, Quem tu és?

Eu Sou o fim de tudo, tanto do Bem como do Mal, e após minha passagem, nada mais será igual;

Eu Sou *O Armagedon*; Eu Sou *O Apocalipse de São João*;

Eu Sou o *Soar das Trombetas*, *A Revoada dos Anjos e dos Guardiões*;

Eu Sou *A Cavalgada dos Quatro Cavaleiros do Apocalipse*;

Eu Sou *O Romper dos Sete Selos* e *A Segunda Vinda do Cristo;*

Eu Sou *O Salão das Almas*, *A Câmara de Guf*, onde ficam guardadas todas as Almas, segundo o Talmude, e até que ela não esteja vazia, O Messias não retornará;

Eu Sou *O Conselho do Karma*, no qual Mestres de Consciência Desperta, Ascensionados(as) e Inteligências da Alta Invisibilidade checam até onde um desencarnado realizou o seu Dharma, a sua *Missão de Vida*, concedida por ele mesmo antes de encarnar, bem como o quanto do Karma pregresso foi pago e o quanto de Karma se gerou na última encarnação, antes da transcendência para o Plano Espiritual. De acordo com o resultado obtido após essa conferência, destinam Os(As) Mestres(as) a Alma do desencarnado a um dos Sete Raios, em que ela possa continuar o seu aprendizado até que chegue a hora de reencarnar novamente, caso não tenha obtido ainda a sua Vitória da Ascensão.

O DESPERTAR

O Julgamento, entre todos Os Arcanos Maiores que representam a mudança, é o mais radical de todos, ainda que não tenha conotações negativas, ou positivas, como seus antecessores.

É um Arcano que vem nos falar de Renascimento, algo nem sempre possível no Plano Material, mas totalmente acessível essa verdadeira Ressurreição em Nível Espiritual, quando o ser humano investe em Evolução de Consciência, Autoconhecimento e Busca pelo que existe de mais Sagrado no âmago do seu Ser.

O Vigésimo Arcano é *A Colheita* de tudo aquilo que foi plantado e, até mesmo, daquilo que não se plantou.

Recebê-lo e aceitar *A Colheita* com maturidade, discernimento e Gratidão é o que de melhor se pode fazer.

O Julgamento nos permite ver além das aparências e compreender todos os acontecimentos da Vida levada até agora como uma só e a mesma coisa, a despeito das diferenças relativas às formas exteriores.

Ao deixarmos o passado para trás sem mágoas, rancores, remorsos, inconformismos e desejos de vinganças, nos purificamos e nos preparamos para futuras vivências muito mais luminosas, epifânicas e que tenham a ver com nossa Real Natureza Divina.

O Julgamento não tem relação com a morte, mas com a Vida Eterna, uma vez que o ser humano abriga dentro de si uma Centelha Divina, Perfeita e Imortal que continua e segue adiante, tenhamos consciência disso ou não.

A Lâmina é o fim de todos os temores quando, por meio da Evolução de Consciência, percebemos que todos os acontecimentos em nossa Vida nos levaram aonde nos encontramos hoje, como uma resposta aos nossos anseios, desejos e ambições.

Então, caso não gostemos dessa *Colheita do Eu*, não há o menor problema, pois a nossa Vida vai seguir adiante e seremos lançados por este Arcano a paragens ainda desconhecidas e inexploradas, nas quais adentramos de peito aberto, na certeza da imortalidade da nossa Essência Interior, bastando mudar nossos pensamentos, palavras e atitudes, a fim de que possamos, a partir de agora, já começar a colher os resultados de uma Vida para chamar de nossa, ao libertarmo-nos da existência pregressa e do que estamos deixando para trás.

O Julgamento nos permite romper com tudo o que é convencional e que se tornou arcaico, obsoleto e envelhecido pelo tempo.

A Lâmina traz purificação para a nossa Vida, pois como é possível almejar algo novo sem antes se limpar de tudo aquilo que é velho e que não vale mais a pena ser vivenciado, ainda mais se for para satisfazer os interesses de uma sociedade para a qual nada devemos?

Caso as Trombetas do Julgamentos estejam ecoando em uma consulta, esse é o Sinal de que uma fase da sua Vida chegou ao fim e que nada mais será como já foi um dia.

É chegada a hora do fechamento de mais um ciclo completo entre os muitos que você vivenciou ao longo da sua presente encarnação. Desapego e abandono do que já se tornou invalidado pelo tempo e pela nova pessoa que está se tornando, ao aceitar de bom grado esse Renascimento, acrescido do apropriado preparo para adentrar em uma nova fase de Vida, lhe garantirão encontrar seu lugar em meio a um *Mundo Novo*, e que cabe a você explorar com entusiasmo, crença e Fé no futuro, se deixar que todas as Esperanças sejam renovadas e renasça como alguém mais comprometido com a Vida, que sempre almejou algo melhor em detrimento de uma ilusória existência não condizente com o que veio manifestar em sua presente encarnação.

Outras Relações Mági(K)As A Serem Pesquisadas Pelos Sinceros Buscadores

Na Árvore da Vida da Kabballah Hermética, O Julgamento é o Caminho de Shin, que liga os Sephiroth Malkuth (O Reino) e Hod (O Esplendor).

Letra Hebraica: Shin/Significado: Dente.

Mitologia/Religião/Panteões: O Apocalipse de São João/"O Ragnarök", da Mitologia nórdica; "O Kali Yuga", dos hindus/"O Acharit Hayamim", do Judaísmo/"O Dia do Juízo Final", do Islamísmo.

Arcano 21 – O Mundo

A VISÃO

MUNDO, Quem tu és?

Eu sou a lembrança de que cada pessoa constitui seu Mundo em particular antes mesmo de encarnar no planeta Terra, por conta das escolhas Dhármicas que realiza ainda no Plano Espiritual.

Somos Deuses(as) criadores(as) dos nossos Mundos, realidades e circunstâncias, e franqueadores do acesso às pessoas que participarão desse espaço criado por nós, ou não.

Nada nos ocorre por acaso durante o tempo que passamos encarnados na Terra, cada um de nós manifestando seu Mundo particular de Espiritualidade, emoções, pensamentos e atos, mais, ou menos, Divinos que representarão toda a diferença entre meramente existir ou Plenamente Viver.

O gênero humano é Essencialmente Divino. Pena que as pessoas tenham se esquecido disso: É chegada a hora de relembrar.

O DESPERTAR

Quando em uma consulta, O Arcano O Mundo representa a própria pessoa que está consultando o Tarô.

No centro da Lâmina, em meio a um cenário cósmico, em alguns Tarôs vemos Shiva, O Dançarino do Universo. Em nosso Tarô Elo Cósmico, vemos uma Bailarina caminhando sobre um Pavimento Mosaico, símbolo da Dualidade Universal, que também pode ser uma Cantora Lírica ligada ao Verbo Primordial do qual adveio toda A Criação. Em diversos Tarôs Herméticos, vemos a figura do Hermafrodita, na qual toda e qualquer dualidade, extremos e opostos são equalizados.

Atrás da nossa Bailarina vemos um Portal composto por folhas de louro alusivas às antigas coroas que eram dadas aos esportistas que venciam os Jogos Olímpicos, como um reconhecimento aos seus feitos, muitas vezes épicos. Isso indica que o Arcano O Mundo representa vitórias, conquistas e triunfos em níveis muito maiores do que os sonhadores poderiam ter imaginado.

Os menos observadores não percebem que o Portal do Triunfo Final é, ao mesmo tempo, um chamado para começarmos tudo de novo, uma vez que o mesmo simboliza o Número Zero, que rege o Arcano O Louco.

Após termos passado pelos severos critérios de análise do Arcano do Julgamento, que determinaram a colheita que receberíamos graças aos nossos pensamentos, palavras e ações durante um ciclo da nossa existência. E tendo lapidado, regenerado e reparado nossos excessos, estamos aptos a conquistar o Mundo e começarmos um outro capítulo da História da nossa Vida.

O Vigésimo Primeiro Arcano representa realização no Plano Material, genialidade no Plano Mental, satisfação no Plano Emocional e Iluminação no Plano Espiritual.

O Mundo é a Síntese e o melhor de todos os 78 Arcanos do Tarô.

A Bailarina porta dois Cetros Místicos que representam a autoridade que ela exerce tanto na Terra, como no Céu. Isso representa que o ser humano não se realiza nesse Mundo até que compreenda que as conquistas Espirituais relativas ao Autoconhecimento e à Evolução de Consciência são tão importantes, ou mais, que o sucesso mundano, e devem ser equilibradas com as conquistas referentes ao Plano Material.

O Mundo pode ser visto como um momento de serena expectativa no qual a Alma, representada pela Bailarina, espera para encarnar atravessando o Portal que se encontra atrás de si e que se abre para o Planeta Terra ao fundo. Essa Alma não virá à Terra desprovida de poderes para a realização do seu Dharma (Missão de Vida), mas se faz necessário que, enquanto estiver aqui, se pergunte sempre: Quem eu sou? De onde eu vim? Para onde eu vou? Pois esse tipo de questionamento faz com que nos lembremos quem realmente somos e o que viemos fazer aqui, quando da nossa presente encarnação.

Num sentido mais oracular, O Mundo pede que a pessoa aproveite a fase que o mesmo está a reger, desfrutando tudo de bom que a Vida tem para oferecer. Esse período de descanso merecido, provas superadas e obstáculos vencidos deve ser vivenciado com extrema Gratidão, enquanto já começamos a nos preparar para a próxima fase da nossa Vida.

Acredite em si mesmo, desde o primeiro passo no Caminho, e então sua peregrinação será Iluminada. Com essa Luz vá iluminando seus mais caros objetivos, conhecendo cada vez mais a si mesmo e não esmorecendo diante dos momentos mais sombrios, que também fazem parte da nossa Dhármica Jornada, a fim de que possamos compartilhar o melhor do nosso Mundo quando de nossa passagem pela Terra, recebendo os Louros da Vitória em reconhecimento a uma Vida digna e plenamente bem Vivida.

Outras Relações Mági(K)As A Serem Pesquisadas Pelos Sinceros Buscadores

Na Árvore da Vida da Kabballah Hermética, O Mundo é o Caminho do Tau, que liga os Sephiroth Malkuth, (O Reino) e Yesod (O Alicerce).

Letra Hebraica: Tau / Significado: Cruz Tau; Cruz Grega

Astrologia: Saturno

Mitologia/Religião/Panteões: Como o Arcano O Mundo representa a própria pessoa que está realizando a consulta, devemos refletir sobre o ser humano como o Maior Mistério ainda a ser decifrado, enquanto vamos nos tornando o mais Épico e Heroico Mito de nós mesmos, ao assumirmos nossa Santidade como Deuses(as) que Somos na plena, pura, serena e iluminada calma posse da Nossa Divina e Poderosa Presença: O EU SOU.

Arcanos Menores

PRITHIVARIAN – OS REINOS DA TERRA NAIPE DE PENTÁCULOS/MOEDAS

Como pano de fundo para o Naipe de Pentáculos/Moedas, o Autor – um leitor ávido por livros com temas de aventura, ficção científica, suspense, enigmas, piratas, romances de capa e espada e Busca Espiritual, desde a sua infância –, inspirado pelos belos Arcanos criados pela Artista Bah Veneziani, concebeu *Prithivarian*, "Os Reinos da Terra", que englobam matas, bosques e florestas épicas de beleza intocada pelo gênero humano, que abrigam uma miríade de seres elementais que vão desde os Elfos – majestosas criaturas de beleza angelical – até os Gnomos, Anões e outros elementais, cujo hábitat natural são cavernas de profundidade abismal, cujos salões de alturas descomunais têm suas pétreas abóbadas sustentadas por estalactites que encontram estalagmites, formando colunas. Quilômetros de túneis, cânions e veredas terra adentro, cuja travessia pode levar meses, conduzem a Regiões Intraterrenas, onde habitam seres de natureza ainda mais desconhecida e insuspeitada aos que vivem na superfície.

Terra acima, alguns Reinos Élficos se situam em copas de frondosas árvores, cujas alturas podem atingir as nuvens mais baixas dos céus. Halflings (Hobbits) fazem suas casas por entre as raízes de árvores anciãs, que lhes acolhem, protegem e concedem abrigo. Em meio a uma mística névoa, espreitam as Dríades e outras criaturas feéricas, algumas de uma bondade sem limites e outras de uma malícia e crueldade tão assustadoras, que gelariam o sangue dos mais bravos aventureiros que se atrevessem a entrar nesses territórios sem serem convidados, sendo que alguns entraram mesmo e nunca mais foram vistos...

Alguns humanos que respeitam a terra e honram Gaia, por meio das celebrações das estações, obtiveram, muitas gerações atrás, a permissão para viverem nas cercanias de Prithivarian e foram beneficiados por Elementais benfazejos, que tornaram suas Vidas prósperas e abundantes como recompensa por se harmonizarem com a Natureza e defenderem-na dos que a vêm saqueando há milhares de anos sem dar nada em troca, nem ao menos o devido Respeito à Vida.

Os Reinos da Terra versam sobre prosperidade, fartura, abundância, riqueza, trabalho, metas, objetivos, ideais, ambição, herança, *status* e progresso, mas se engana quem pensa que a riqueza e a prosperidade são valores relativos apenas ao plano material, como o Naipe de Pentáculos/Moedas irá nos ensinar.

ÁS DE PENTÁCULOS/ MOEDAS

O Insight: *"A Verdadeira Riqueza não deve ser buscada apenas no exterior. Somente uma Alma próspera em Sabedoria, um Coração abundante em Amor e uma Mente farta de pensamentos profundos e nobre ideais é capaz de receber com Gratidão o que lhe é oferecido, compartilhar as bênçãos com seu próximo e multiplicar seus recursos desprovido dos sentimentos de ganância e de cobiça"* (A.G.).

No âmago de uma exuberante floresta encantada e secreta, resplandece o brilho do Ás de Pentáculos, que traz para a consulta a real possibilidade da materialização de prosperidade, fartura, abundância e riqueza material em nossas vidas.

O Arcano representa os lucros obtidos por mérito de esforço, trabalho e talento próprios, podendo representar também ganhos inesperados, bonificações e o recebimento de heranças.

O Ás de Pentáculos também nos recorda de que a riqueza deve ser gerida com responsabilidade, gratidão e auxílio aos trabalhadores não tão afortunados e aos necessitados, a fim de que os recursos não se esgotem no futuro por conta de um comportamento esbanjador, ganancioso, egoísta e mesquinho.

Observação Importante: Como o Tarô *Elo Cósmico* é baseado na metodologia da *Escola Clássica, Ortodoxa, Tradicional e Antiga* na Formação de Tarólogos, seus Arcanos Maiores e Menores não apresentam significado "invertido", uma vez que, Tradicionalmente, cada Arcano já possui em si seu lado luminoso e seu lado sombrio, – de acordo com a Lei da Dualidade presente na Natureza, na Vida e nos Universos visíveis ou invisíveis, manifestados ou ainda por se manifestar –, cabendo ao Estudante de Tarô sério e dedicado se aprofundar muito em seus estudos, reflexões e no *Método do Skrying*, a fim de que ele possa compreender se a tônica vibracional do Arcano é positiva ou negativa, levando em consideração os outros Arcanos ao redor da Lâmina que se apresenta na consulta.

DOIS DE PENTÁCULOS/ MOEDAS

O Insight: *"Nada é mais constante que a mudança, a fim de que aprendamos que nossa existência material, mental, emocional e espiritual está sempre em evolução. Quem tem mente aberta para se adaptar e aceitar as mudanças jamais perde a Esperança, nem deixa de ter na Vida períodos de bonança*" (A.G.).

Em meio a um bosque sereno e tranquilo, vemos um Aprendiz das Artes Ocultas gerando e equilibrando com graça e habilidade uma *Lemniscata*, O Símbolo do Infinito, a envolver dois Pentáculos que acabaram de surgir do nada em suas mãos. Mesmo sem saber por quanto tempo será possível manter os efeitos de sua Taumaturgia, o Jovem Conjurador aproveita esse breve momento de pausa harmônica em seu dia a dia para encontrar o seu centro e se equilibrar com toda a natureza ao seu redor.

O Dois de Pentáculos representa um momento de equilíbrio e harmonia breve e transitório, mas que deve ser aproveitado para aprendermos a necessidade de equilibrarmos tudo em nossa Vida, pois aquele que se dedica somente ao seu trabalho de forma cega, extremista e beirando ao fanatismo jamais saberá o que é a verdadeira Prosperidade.

A *Era dos Workaholics* ficou no passado, sendo que empresas mais contemporâneas e que realmente se preocupam com a Qualidade de Vida de seus funcionários e associados investem cada vez mais no equilíbrio do tempo dedicado ao trabalho, mesclando-o com atividades lúdicas, físicas, recreativas e de repouso, que podem ser praticadas dentro da própria empresa com profissionais contratados para proporcionar essas experiências, em espaços já previamente pensados quando da construção do local de trabalho.

A atividade profissional deve ser equilibrada com tempo para a desenvoltura Mental por meio de bons livros, atividades culturais, novos cursos e formações.

Nenhum profissional está completo se não tem tempo para sua Família, seus amigos, seus amores, suas relações humanas e sua relação para consigo mesmo, jamais descuidando dos cuidados diários que, todos, necessitamos ter para manter um bom equilíbrio emocional.

O Dois de Pentáculos nos ensina que é preciso equilibrar os lucros materiais com os Valores da Alma, o que se faz facilmente quando o profissional professa uma Fé e dedica seu ofício ao Deus do seu Coração e da sua compreensão, não desprezando os assuntos relacionados ao Autoconhecimento e à Evolução de Consciência.

Estejamos atentos para apresentarmos o resultado do nosso trabalho sempre com constância, ritmo e equilíbrio, desconfiando de "profissionais" que mais falam do que realizam, e de pessoas que ficam saltando de uma atividade para outra sem nunca realizar nada de concreto.

TRÊS DE PENTÁCULOS/ MOEDAS

O Insight: *"Trabalhar é lapidarmo-nos a nós mesmos pelo ofício escolhido como Missão de Vida, antes mesmo de encarnarmos. Existe trabalho para ser feito, tanto em nosso interior como em nosso exterior. Todo(a) aquele(a) que se dedica ao seu trabalho como um sacerdócio encontrou sua verdadeira vocação. Não trabalhará nem um dia sequer nem sentirá o peso de sua labuta enquanto por aqui estiver encarnado(a), pois a satisfação com a qual realizará suas tarefas fará do seu ofício um Canto de Gratidão, que atrairá Anjos para ajudá-lo(a) e inspirá*-lo(a)*, enquanto presta seus Bons Serviços ao próximo*" (A.G.).

Vemos três jovens Elfos habilidosos em Alquimia e na manufatura dos mais variados tipos de metais, que lavoram em meio à mata fechada, tendo produzido três magníficos Pentáculos do mais puro ouro, cujo brilho deles atraiu a atenção de uma bela admiradora Élfica. Teria ela encomendado esse esmerado trabalho e estaria conferindo como está o progresso dele?

O Três de Pentáculos é o Arcano que representa, por excelência, a palavra *Trabalho*.

A Lâmina fala sobre a importância da concentração, da disciplina e da dedicação que devem reger não só qualquer tipo de atividade ou ofício, mas também todas as fases e estágios relativos à conclusão das obras.

Saber trabalhar em grupo também é uma virtude associada ao Três de Pentáculos, uma vez que trabalho compartilhado é metade do trabalho. Contudo, mesmo com as associações, as parcerias e os esforços de todos dedicados a um mesmo objetivo, é sempre necessário que as atividades sejam criteriosamente divididas, que se respeite a hierarquia no ambiente de trabalho, bem como que se valorizem as habilidades, os talentos e a proficiência de cada trabalhador envolvido em um projeto, os quais devem ser avaliados individualmente, a fim de que não se premiem os medíocres, em detrimento dos que realmente têm méritos para verem seus esforços reconhecidos.

O Arcano requer que trabalhemos perseverantemente e de fato nos dediquemos à nossa profissão, devendo ela ser sempre realizada com Gratidão por estarmos empregados, independentemente de nosso cargo, função ou atribuições. Ao colocarmos o nosso Coração em tudo o que fazemos e vermos nossas atividades, desde as mais humildes até as mais complexas, como uma forma de Servir ao nosso próximo, estamos na trilha certa para o progresso e a prosperidade financeira, como uma natural consequência de nossa atitude correta para com o trabalho.

QUATRO DE PENTÁCULOS/MOEDAS

O Insight: *"Nem todo o ganho se coaduna com a conquista de si mesmo; Nem sempre vale a pena se pagar o preço; Nem tudo o que reluz é ouro.*

Ganância, cobiça, ambições descomedidas, ostentação, esbanjamento, posse, medo de perder o que se conquistou, já tendo se perdido a própria noção entre o que é certo e o que é errado: quantas são as formas de autoengano agregadas à *maior de todas as ilusões chamada controle?*" (A.G.).

Uma jovem e deslumbrada Elfa, que parece não ter o discernimento e a Sabedoria, características tão emblemáticas de sua lendária raça, abraça fortemente Quatro Pentáculos, como se eles pudessem ganhar Vida e esquivarem-se de sua cobiça.

Teria ela algum medo? Será que ouviu alguma coisa na densa mata e imagina estar sendo seguida por ladrões, que teriam vindo roubá-la?

O Arcano é um alerta contra o excesso de materialismo e a ganância sem limites, que podem fazer com que rejeitemos todos os escrúpulos da Moral, e passemos por cima de tudo e de todos para conquistar nossos – nem sempre – tão nobres objetivos e ambições, desencadeando uma sucessiva série de desatinos dos quais nos arrependeremos mais tarde, independentemente do quanto conseguimos ganhar ou lucrar.

A solução do desastre iminente que o Arcano prediz tem apenas uma via de salvação, associada ao número Quatro que rege a Lâmina.

Quatro é o número da integridade, do caráter, do trabalho árduo e honrado, agregado à disciplina, ao foco e a concentração, pelos quais é possível construir o sucesso sobre um alicerce sólido e estável, cujo Caráter ilibado jamais concordaria com o progresso desvinculado do comportamento correto e cordato. Mais vale progredir lentamente caminhando por uma base sólida do que tomar atalhos duvidosos, nos quais as promessas raramente se cumprem.

Ao retirar o Quatro de Pentáculos em uma consulta, caso não balizemos nossos pensamentos, palavras e ações pelo que foi dito no parágrafo anterior, poderemos ter muitos problemas das mais diversas ordens, a começar pelas cobranças que advirão de nossa própria Consciência ao reconhecermos e lembrarmos que não somos apenas seres criados, destinados a levar uma mera existência material, mas também Seres Espirituais Dharmicamente designados a fazer de nossa presente encarnação uma Épica Jornada em busca da reparação dos erros pregressos, a qual só é possível quando nos voltamos para o Autoconhecimento e temos como derradeiro objetivo das encarnações humanas a Vitória da Ascensão.

É um triste espetáculo quando vemos pessoas completamente vazias que desperdiçam mais uma existência, preocupadas apenas em ter, e por mais que tenham, não conseguem *Ser* coisa alguma, muito menos o que vieram manifestar como *Lenda Pessoal*, essa Missão que legamos a nós mesmos muito antes de encarnar.

CINCO DE PENTÁCULOS/ MOEDAS

O Insight: *"Pobres não são os destituídos de recursos, mas os repletos de vaidade, soberba e desejo de ostentação.*

Uma das maiores enfermidades que podem acometer o gênero humano é a falta de discernimento, de bom senso e de Visão, que faz a pessoa gastar o que não tem para aparentar o que não é" (A.G.).

Vemos como pano de fundo a estrutura do que pode ser um castelo, ou uma catedral, cujo estilo gótico das paredes reflete a antiga Arte Real da cantaria. Grandes janelas ornadas por artísticos e rebuscados vitrais deixam escapar uma luz acalentadora, oriunda de círios bentos e de acolhedoras lareiras, ao redor das quais as famílias se reúnem nas noites invernais mais frias. O som da música e das risadas, abafado pelo forte vento que fustiga a construção e toda a natureza ao redor dela, é indicativo de algum tipo de comemoração, para a qual os anciões, agachados para se proteger do frio e da neve, não foram convidados.

Ambos, taciturna e tristemente, contam as moedas em suas trêmulas mãos, que escorrem por entre seus dedos, caindo no solo nevado à frente. A quantia de ouro não é suficiente para conseguir provisões, muito menos para pagar por um bom abrigo que lhes permita resistir ao longo e rigoroso inverno.

O Cinco de Pentáculos denota dificuldades, saúde não muito boa, privações, escassez, humilhação, tristeza e desolação.

Como nada é para sempre, faz-se necessário um olhar franco sobre a fase regida por este Arcano, na qual é preciso encarar a realidade, por mais dura que ela possa parecer, se quisermos superar os entraves e vencer os obstáculos de tão desafiadora fase.

A contenção de gastos agregada a uma mudança de hábitos, optando-se pelos de natureza mais comedida e humilde, é a primeira coisa a se fazer.

Corte tudo o que não for necessário na fase regida pelo Cinco de Pentáculos e aceite, humildemente, receber ajuda. O auxílio pode vir em forma material, como uma proposta de novo emprego, mesmo que não tão regiamente remunerado e, até mesmo, como avaliações e conselhos de pessoas que de fato possuem proficiência e sabem sobre o que estão falando. Agradeça e não recuse a mão estendida nessa hora de dificuldades, estando também pronto a auxiliar no futuro, da mesma forma que é auxiliado no presente.

Desanimar, bem como ficar murmurando e procurando culpados nas fases da nossa Vida em que as coisas não vão bem, é o que de pior se pode fazer. Esse tipo de atitude só aumenta a duração do inverno e atraí pesadas nevascas sobre os nossos negócios, nos impedindo de ver as novas oportunidades, explorar talentos ainda desconhecidos em nós que, de simples *hobbies*, poderiam se transformar em atividades altamente rentáveis.

As dificuldades começam a ser vencidas pela admissão da nossa responsabilidade em meio aos problemas, se não totalmente, pelo menos em parte deles.

Vida financeira, negócios, administração do que se tem, poupanças, economias e gestão de recursos não são uma brincadeira, nem se deve levar esses assuntos de forma leviana.

Quem trabalha com seriedade assume responsabilidades e encara a verdade dos fatos dia após dia, procurando se manter informado sobre o mercado de trabalho e as oportunidades de investimentos, jamais é pego desprevenido em meio a traiçoeiras nevascas, somente letais àqueles que fingem não ver os sinais que antecedem o inverno, agregados à necessidade de se preparar para ele.

SEIS DE PENTÁCULOS/MOEDAS

O Insight: *"O sucesso se manifesta naturalmente na Vida de todo aquele que pavimentou sua estrada com Humildade, Gratidão e Serviço. O desejo de um Eu bem nutrido é nutrir outros de Nós"* (A.G.).

Em meio a árvores que estão sendo ornamentadas com Seis Moedas, vemos uma bondosa e justa mãe Élfica, que distribui pequenas moedas entre suas filhas, como um apropriado pagamento de acordo com os méritos e os esforços de cada uma a auxiliá-la.

O Seis de Pentáculos envolve a ideia de generosidade, balanceada com a correta distribuição de recursos, previamente pesados pela balança que a senhora Élfica traz sustentada em sua mão esquerda.

Depois dos excessos e da escassez retratados no Quatro de Pentáculos e no Cinco de Pentáculos, agora é possível chegarmos a um justo equilíbrio que não permite extremismos e, justamente por isso, a aura presente em todo o Arcano é de harmonia e beleza.

Todo aquele que experimentou algum tipo de sofrimento, perda ou falta, quando possui maturidade mental e o sincero desejo de evoluir, passa a ter mais empatia pelo próximo e consegue ser generoso na medida certa, sob à luz da caridade não descomedida que orienta seus pensamentos, palavras e ações, no tocante ao trato para com o próximo.

A Verdadeira Igualdade não é tratar todos de forma igualitária, mas procurar respeitar a individualidade de cada um, compreendendo seu grau de consciência evolutivo e dando a cada pessoa o que é seu por direito, de acordo com seus méritos e esforços próprios.

A balança não é um instrumento que iguala todos a um mesmo nível, mas uma ferramenta de pesagem associada à espada discriminadora, emblema do discernimento mental, que devemos possuir, a fim de não beneficiar descomedidamente os que não fizeram nada para merecer tais benefícios, enquanto aqueles que realmente trabalharam a sério deixam de ser devidamente honrados pelos seus esforços empreendidos.

O Seis de Pentáculos representa os bons acordos, a justa divisão dos recursos, a prosperidade compartilhada entre os que a merecem e os negócios promissores, nos quais todos saem ganhando e ninguém se sente prejudicado, injustiçado ou passado para trás.

Uma pessoa realmente justa não deve possuir nenhum traço de arrogância em seus julgamentos.

Juízes não punem aqueles que já fizeram isso consigo mesmos em virtude da falta de consciência. O que fazem é dar a cada um a justa parcela que atraiu para suas vidas por conta de seus pensamentos, palavras e ações: nenhuma moeda a mais, nenhuma moeda a menos.

SETE DE PENTÁCULOS/ MOEDAS

O Insight: *"Quando os esforços não trazem o resultado esperado, duas Virtudes precisam saltar imediatamente à frente de todas as demais: Humildade e Coragem.*

Humildade para reaprender algo que pode ter sido deixado para trás em meio a obstáculos pelos quais passamos, mas não os ultrapassamos; e Coragem para aceitar o que não pode ser mudado, a fim de que possamos começar tudo de novo, a partir das mudanças de atitude que devem se operar dentro de cada um de nós" (A.G.).

Em meio a uma lavoura encantada, vemos um Elemental lavrador e cuidador da terra desolado com os resultados da sua colheita.

Sua expressão facial mescla tristeza, frustração, inconformismo e até uma certa raiva. Ainda que seu lavoro tenha rendido Sete belos Pentáculos, não foi o que o lavrador esperava: Ele queria, almejava e planejava uma colheita muito mais farta e próspera.

O que aconteceu? Teria faltado Sol? Chuva? As sementes que lhe venderam não eram boas? O plantio e a colheita não se deram em uma Lua apropriada? Teria sido vítima de uma sabotagem ou, até mesmo, de uma maldição lançada contra suas terras?

Ao término de todo trabalho feito na terra, desde o arar e preparar o solo até o plantio das sementes, atingindo finalmente o momento exato da colheita dos frutos, é muito difícil para a maioria das pessoas se conter emocionalmente sem explodir, ou cair sem sentidos, diante de uma colheita parca, débil e efêmera. Da mesma forma que é preciso fazer um esforço descomunal para não começar uma verdadeira "*Caça às Bruxas*", por meio da qual se tenta fazer o possível e o impossível para culpar alguém pelo fracasso.

O mais correto com a retirada deste Arcano é receber com Gratidão o resultado do plantio, mesmo que este não seja o que se esperava.

Quando temos a consciência de que o plantio é facultativo, mas a colheita será obrigatória e vira mais cedo ou mais tarde, todavia, sempre virá em resposta ao que se plantou ou se deixou de plantar, ai sim aceitamos os frutos que são nossos por direito e nos preparamos para mudar a forma de plantar ou, até mesmo, a cultura do que plantamos se aquilo a que visamos são colheitas mais fartas no futuro.

Reclamar, murmurar e tentar encontrar culpados pelos maus resultados que não sejamos nós mesmos é irrigar o solo com as lágrimas do inconformismo e da ingratidão, sendo que nenhuma terra reage bem a este sal lacrimoso e lamuriento que é um péssimo adubo para o futuro semear de novas Esperanças.

Quem arranca da cabeça as ervas daninhas de ideias arcaicas e obsoletas, irriga os sulcos da sua mente com a água benta da Fé e planta as sementes da Gratidão em seus pensamentos, esse sim está pronto para a *Colheita da Felicidade* em tempos vindouros.

Por ora não despreze os resultados atingidos e procure, com humildade, aprender com eles.

OITO DE PENTÁCULOS/ MOEDAS

O Insight: *"Antes que se obtenham o sucesso e os resultados almejados no plano material, faz-se necessário o reconhecimento de que a riqueza é um estado de espírito, oriundo da satisfação pessoal com o que se trabalha.*

O Amor, a dedicação e o desejo de servir ao próximo por meio do nosso trabalho faz brotar em nosso interior uma rosa de rara beleza, cuja doce fragrância se faz sentir em tudo o que fazemos, o que nos torna artífices diferenciados que lapidamos a nós mesmos, em primeiro lugar, podendo agora compartilhar nossa Luz com o mundo exterior" (A.G.).

No Oito de Pentáculos, vemos uma jovem artesã exercendo seu ofício com extremada habilidade e proficiência. Sua família lhe legou segredos a respeito de como forjar e moldar metais que lhes foram transmitidos por Elementais da terra, o que acabou conferindo a ela certas habilidades alquímicas, que outrora também foram possuídas por figuras emblemáticas, como Hiram Abiff, José de Arimateia, Nicolas Flamel, Paracelso, Fulcanelli, Pico della Mirandola, Saint Germain, Cagliostro, Isaac Newton e outros Alquimistas, Artesãos e Arquitetos notórios da Arte Real e de si mesmos.

Isolada em seu belo ateliê, parte de uma casa pequena, porém confortável, seu isolamento não se deu por acaso.

Todo aquele que almeja tornar-se Mestre em qualquer disciplina, ofício e trabalho deve alternar períodos de atividade social com apropriados períodos de descanso e de isolamento total, a fim de que fechado em seus pensamentos possa na plena, pura e calma posse de si mesmo atingir a Gnose e traduzir essa epifania com obras dignas de honrar e homenagear aos(às) Deuses(as).

O Oito de Pentáculos nos ensina que, em matéria de trabalho, prosperidade e abundância, *"forno aberto não faz pão"*.

Quem almeja o real sucesso, a perfeição no tocante aos resultados do seu ofício e quer ser disputado vorazmente no mercado de trabalho, impondo as suas regras para quem quiser contratar seus serviços e jamais se sujeitando a escroques e aproveitadores que não valorizam a excelência quando a veem, deve estar disposto a pagar o preço da abstenção de certos prazeres aos quais se entregam os medíocres, mas nunca o Gênio.

A pequena estrada que leva para as grandes cidades pode ser vista pela janela atrás da nossa artesã. Seu talento, esmero, concentração, dedicação e amor ao trabalho são incontestáveis, mas o isolamento em que vive é demonstrativo da necessidade de fazer com que suas obras possam chegar aos grandes centros, onde seu trabalho poderá ser admirado, adquirido e regiamente pago.

Períodos de isolamento a fim de que a excelência possa ser atingida são positivos, mas eles não podem ser confundidos com atitudes antissociais, que espantariam os compradores do nosso talento e as oportunidades de expandirmos e progredirmos em nossos negócios.

O Oito de Pentáculos pede para que encontremos o equilíbrio entre o retiro e o isolamento que produz um trabalho de excelente qualidade, agregado a habilidades de expressão, comunicação e simpatia pelas quais possamos vender o nosso talento, não privando o mundo dos bons serviços que podemos prestar.

NOVE DE PENTÁCULOS/ MOEDAS

O Insight: *"Sucesso nunca foi uma questão de sorte, mas de trabalho árduo, dedicação e disciplina.*

A partir do momento em que encarnamos, somos uma força diretriz causal de nossa própria existência, e tudo aquilo que nos chega às mãos fomos nós que plantamos, juntamente *a aliados fiéis e leais que atraímos para a nossa Vida quando nossa tônica vibracional é positiva e gerada a partir do Reto Pensar, do Reto Falar e do Reto Agir. Todo o Universo conspira e responde com prosperidade, fartura e abundância aos que não sabotam a si mesmos, seguindo sempre estudando, evoluindo e ampliando suas Consciências, honrando a oportunidade que lhes foi dada de uma nova encarnação, a qual deve ser utilizada para a manifestação das Boas Obras em benefício do Todo"* (A.G).

Todo aquele que planta respeitando as Leis que regem a Natureza tem o direito de colher os frutos do seu trabalho: uma colheita de bênçãos, com a qual a terra honra os que estão em harmonia com ela.

O saber desfrutar, aproveitar e contemplar um trabalho bem-feito também faz parte da construção do sucesso, em que nem sempre temos de correr frenética e ansiosamente em busca dos resultados, porque a terra possui seu tempo para entregar seus frutos àqueles que trabalham em plena harmonia com seus ritmos internos, sendo gratos até pelos menores avanços.

No Arcano, vemos uma rica e próspera Senhora de si mesma, de suas posses, de suas terras e de seus bens. Ela se senta à sombra de uma frondosa árvore, ornada por Nove Pentáculos, o que indica sua comunhão com os Elementais da terra, que fizeram suas propriedades prosperarem e produzirem os frutos que são aproveitados não apenas pela Senhora, mas também pelas Famílias dos trabalhadores que trabalham para ela. E mesmo em seu período de um merecido descanso, a Senhora é vista com um livro entre as mãos, uma vez que Cultura e Espiritualidade devem continuar sempre sendo cultivadas na Alma, no Coração e na Mente, o que inspirará o plantio de futuras culturas que a tornarão ainda mais próspera, não só em nível material.

Nove é um número associado à conclusão de Ciclos e vemos neste Arcano mais uma etapa concluída na Vida, de forma exemplar e vitoriosa.

Temos muito de que nos orgulhar, das conquistas cujo Nove de Pentáculos é testemunha, mas nunca devemos nos tornar soberbos e pretensiosos. Progressos, avanços e triunfos fazem bem à nossa autoestima, e demonstramos a nossa autoconfiança muito mais pela humildade do que por uma ostentação sem sentido, característica dos pobres de espírito que adoram falar de si mesmos e se autoafirmarem o tempo todo, como se tivessem que provar alguma coisa para uma sociedade para a qual nada se deve, com exceção do Serviço ao próximo, uma vez que uma das características mais nobres daqueles que progrediram por mérito próprio, agregando em suas Vidas ganhos materiais e espirituais, é o compartilhar de suas Bênçãos com os menos favorecidos, praticando a caridade de forma incógnita e insuspeitada, a fim de que não venham humilhar os beneficiados.

DEZ DE PENTÁCULOS/ MOEDAS

O Insight: *"Quem se torna o lavrador de si mesmo, cultivando sua Essência Divina, arrancando as ervas daninhas do seu ego e semeando a Paz, a Luz, a Vida e o Amor, é infinitamente rico"* (A.G.).

Todos os Dez, independentemente do naipe, representam a culminação do potencial específico de cada naipe. As experiências pelas quais passamos dos Arcanos Ás ao Nove nos levam ao Dez. Aqui estão todas as lições aprendidas, as vitórias conquistadas e as decepções sofridas.

No caso do Dez de Pentáculos, é possível dizer que ele representa *a Vida que pedimos a Deus.*

Plena realização profissional; estabilidade financeira; constituição de uma bela Família; tempo para desfrutar dos prazeres da Vida; saúde estável; segurança e estabilidade; e uma marca, um legado a ser deixado para o mundo e para as futuras gerações são alguns dos significados desse Arcano.

Mas se enganam aqueles que pensam que o Dez de Pentáculos se refere somente a coisas materiais, conquistas, ambições realizadas e triunfos. Se assim fosse, a Vida não teria um propósito mais nobre em matéria de Evolução de Consciência e passaríamos de encarnação em encarnação levando uma existência materialista, supérflua, rasa e desprovida de um sentido mais profundo. E não que algumas pessoas já não existam dessa maneira totalmente frívola e superficial, na qual a necessidade do ter se impõe ainda mais sobre o discernimento, a razão e o bom senso, que nos pedem para equilibrarmos sempre a riqueza material com a riqueza mental, emocional e espiritual.

O Dez de Pentáculos fala sobre o que produzimos com os estudos, que para a maioria das pessoas foi patrocinado pelos Pais. E também lança reflexões a respeito de como plantamos e dos frutos que produziram:

As sementes que nos foram dadas para o nosso engrandecimento Mental por meio de nossos Professores, cursos, formações, especializações e pós-graduações;

As sementes que nos foram dadas para o nosso engrandecimento Emocional, por intermédio dos laços relativos à Família na qual decidimos encarnar, antes mesmo que chegássemos à Terra para mais uma encarnação, e por meio das relações que manteremos com parentes, amigos(as), amores, conhecidos(as) e desafetos ao longo da nossa Vida;

As sementes que nos foram dadas para o nosso engrandecimento Espiritual por meio da nossa Religião e da Busca pelo Autoconhecimento, por Filosofias de Vida e pela Senda Iniciática, cujas Guardiãs são as Fraternidades Herméticas, Ordens Iniciáticas e Sociedades Secretas.

Aquele(a) que procura tirar lições de todos os eventos que se sucedem em sua *Jornada*, transformando-os em sementes a serem cultivadas com atenção, dedicação e Amor ao trabalho que desenvolve, não só colherá a Realização em todas as áreas da sua Vida, como também terá mais do que o suficiente para deixar para as novas gerações uma Herança de Bons Exemplos, Caráter e Virtudes. E quem deixa aos(às) filhos(as) *O Legado da Integridade e da Honestidade*, pode dizer que deixou às futuras gerações da sua Família a mais rica de todas as heranças e, ainda, contribuiu para a Evolução da Terra, deixando no mundo jovens que serão uma solução para o planeta, não mais um problema a ser resolvido.

O PAJEM DE PENTÁCULOS/MOEDAS

Palavras-chave: *um novo alento; algo novo que está para chegar; potencialidade para manifestar novos e promissores inícios; capital inicial; primeiros incentivos e a chegada de novos aliados para auxiliar nos projetos; estar atento para as novas oportunidades advindas sem aviso.*

O Pajem de Pentáculos é o mais responsável de todos os Pajens. Ainda que traga a energia jovial dos outros Pajens em si, este jovem de olhar atento e curioso para as novas possibilidades de progresso material, investimentos e bons negócios, tendo um corpo atlético e bem formado, é o símbolo daqueles que se encontram frente aos novos desafios profissionais, podendo até mesmo encarnar o primeiro emprego, com o qual este aprendiz do seu novo ofício fica fascinado.

Orgulhosamente, ele exibe seu Pentáculo com a mão esquerda – sendo o lado esquerdo sempre associado à passividade e à abertura para receber e saber lidar com as novas possibilidades do progresso –, enquanto leva a mão direita à bolsa, na qual ele guarda os seus recursos e pagamentos recebidos, o que indica que é um bom administrador que, apesar de não ter medo de investir e de arriscar, sempre poupa uma boa quantia pensando no futuro.

O Pajem de Pentáculos aprende o valor do trabalho desde cedo, e quem conhece uma pessoa com essas características de foco, disciplina e atenção às tarefas encontrou um excelente aliado, em quem se pode confiar na certeza de que ele sempre se dedicará ao máximo para trazer um bom resultado relativo às responsabilidades que lhe foram confiadas.

O Jovem Pajem não se esquiva das alegrias, das novas descobertas e das experiências de sua juventude, mas sabe separar a hora de brincar da hora de falar e trabalhar sério, o que o faz ser respeitado pelos outros Pajens e requeridos os seus serviços por todos que querem contar com alguém ágil e eficaz na resolução dos problemas mais relativos à esfera material.

É fácil ficar encantando e obstinado com o primeiro emprego, ou com uma nova oportunidade de estar empregado, o que muitas vezes leva as pessoas a ficarem com uma ideia tão fixa no trabalho que acabam descuidando de outros aspectos da existência, como se trabalhar e ganhar dinheiro fossem as únicas coisas importantes da Vida. E aí surge o Pajem de Pentáculos, com todo o dinamismo da juventude para lembrar que todo aquele que se deixa controlar pelo materialismo nunca chegará a ser O Rei de Pentáculos, mas será sempre um escravo da matéria e nunca o seu Senhor.

Benevolência, generosidade, prestatividade, atenção e cuidado, tanto em relação aos idosos como no que diz respeito às crianças, são algumas características desse Pajem adolescente, para o qual juventude e inexperiência não são desculpas para comportamentos perdulários e irresponsáveis com a realidade.

Ainda que esteja no começo de sua Vida produtiva, o Pajem de Pentáculos recebe sempre convites para se tornar um Jovem Aprendiz, pois tem mente aberta, raciocínio rápido, disposição para realizar qualquer tarefa, humildade e gratidão no tocante a tudo o que lhe ensinam, sendo a lealdade outro de seus traços particulares.

Observação Importante: Os Arcanos da Corte de qualquer um dos Quatro Naipes, quando retirados em uma consulta, podem ter três significados:

A necessidade de desenvolvermos em nós mesmos, ou de orientarmos o nosso consulente para que desenvolva em si as características do Arcano, na fase de Vida que está sendo regida por ele;

Um fato, ou evento, com a tônica vibracional do Arcano da Corte que está associado à Vida do consulente, a partir do momento de sua retirada em uma consulta;

Alguém que tenha as características físicas e o comportamento do Arcano da Corte específico que foi retirado, o qual está associado ao consulente de alguma forma, durante o período da Vida que o Arcano está a reger.

Faz-se necessário um *cuidado extremo* para não gerar expectativas na cabeça do consulente, dizendo que "uma pessoa com tais características" vai "aparecer em sua Vida". Esse tipo de informação não agrega nada para o Autoconhecimento e a Evolução de Consciência do consulente e, ainda, fomenta ansiedades negativas, desnecessárias e ilusórias, por meio das quais a pessoa pode ficar esperando a "manifestação de um certo alguém" em sua Vida, o que pode nunca ocorrer ao longo de toda a sua encarnação.

O CAVALEIRO DE PENTÁCULOS/MOEDAS

Palavras-chave: *resiliência; honra e comprometimento; senso do dever; conhecimento e proficiência na atividade exercida; determinação inabalável; desejo de servir ao próximo; prudência e discrição; bom gerenciamento dos recursos.*

Os Cavaleiros representam enfaticamente a ação relativa ao Naipe ao qual pertencem.

O Cavaleiro de Pentáculos, por mais que seja um nobre portador do título de *Sire*, muitas vezes podendo ter recebido sua *Investidura na Ordem da Cavalaria* pelas próprias mãos do Rei, sendo seu Paladino e o Campeão do Reino, ainda assim está comprometido com o Serviço ao próximo, e não hesitará em descer do seu cavalo e atrelá-lo a um arado, se isso for necessário para ajudar uma Família humilde a arar a terra.

Por isso, dos Quatro Cavaleiros, é o que menos se interessa por torneios, glórias e fama que os Cavaleiros dos outros três Naipes buscam. Seu compromisso é com o Rei, com o Reino e com o povo, do qual é o guardião.

Tem hábitos elegantes e refinados, como compete a um Cavaleiro, mas depois de ficar por pouco tempo nos banquetes da Corte, vai discretamente até a cozinha e consegue alimentos e provisões, que repartirá com os pobres que encontrar em seu caminho rumo ao âmago das florestas mais distantes, nas quais busca um recanto sereno onde possa orar, meditar e refletir sobre Honra, Valores e Virtudes.

Suas ações são práticas, diretas e consistentes no tocante à profissão, da qual advém o sustento não apenas para si, mas também para as pessoas que pretende auxiliar.

A chegada do Cavaleiro de Pentáculos em um jogo indica a necessidade de sermos éticos e confiáveis e nos cercarmos de pessoas de confiança e de boa índole, pois só assim o progresso real e duradouro pode ser alcançado.

Devemos renegar o egoísmo, os instintos animalescos e a busca de recursos materiais por motivos fúteis de ostentação e exibicionismo.

Raramente o Cavaleiro de Pentáculos perde a paciência e sai do seu bom senso, postura que devemos imitar, uma vez que quando esse Paladino se sente ultrajado sua fúria pode ser incontrolável, da mesma forma que acontece quando explodimos: caindo nas armadilhas do ego e nas provocações advindas do nosso exterior, podemos colocar em risco o curso do nosso progresso que, embora lento e comedido, mostra-se constante.

Movido por um grande Caráter e Senso do Dever, O Cavaleiro de Pentáculos nos ensina a entregarmo-nos com prazer às tarefas que nos são confiadas, fazendo de tudo o que estiver ao nosso alcance, a fim de que elas sejam concluídas com êxito e sem esperar por recompensas. É um trabalhador incansável, dedicado e um dos aliados mais fiéis que alguém poderia ter.

De hábitos tradicionalistas, O Cavaleiro de Pentáculos não age de forma impensada, muitos menos despende esforços à toa. Ele prefere organizar as coisas, seguir uma estratégia; quando investe com o seu cavalo rumo ao sucesso, já sabe exatamente aonde quer chegar, não se deixando distrair pelo que não tem importância, tendo golpes (ações) fortes, potentes e contundentes, oriundos de seu acúmulo de energia, os quais realmente abrem os caminhos.

Não existem tarefas pequenas e ocupações menos nobres. Existem pessoas de espírito pequeno e mente estreita, que visam ao grandioso, não compreendendo que é por meio das vitórias em batalhas menores (as contendas do dia a dia), para as quais a maioria das pessoas não dá a devida atenção, que se vence toda uma guerra.

A RAINHA DE PENTÁCULOS/MOEDAS

Palavras-chave: *fertilidade; consciência corporal; nutrição; boa gerência dos recursos; compartilhamento; gratidão; acolhimento; proteção; beleza; o fim da aridez e da escassez, reintegração à Natureza.*

A Rainha de Pentáculos é a preservadora da Vida e de tudo aquilo que já nasceu.

Esta Senhora Élfica, entronada em meio à floresta que a protege como uma fortaleza natural e impenetrável, ostenta em sua coroa, ainda que de forma discreta, o crescente lunar, símbolo de sua conexão, receptividade e comunhão com as Forças Cósmicas e com um Saber Ancestral oriundo da própria Terra, por meio do qual ela faz vivificar tudo à sua volta.

Seus pés recebem a energia telúrica da terra por meio das raízes logo abaixo deles, cujas profundidades atingem as misteriosas regiões intraterrenas, de onde flui uma desconhecida, porém potente, energia, que emana por todos os poros dessa Soberana, fazendo florescer a Vida ao seu redor e tornando a floresta, todos os seres vivos que vivem nela e a Rainha um só e o mesmo Ser. Justamente por isso, quando algum animal ou planta se vê ameaçado, a Rainha, independentemente da parte em que se encontre em meio à vasta floresta, emana sua força protetora, fazendo-os desaparecer completamente diante dos caçadores e de outros malfeitores que atentam contra a Vida, deixando-os atônitos com a perda do rastro.

Preocupada com a sobrevivência dos humanos que respeitam a Natureza, a Terra e a Vida, os quais vivem nas cercanias de sua misteriosa floresta, A Rainha de Pentáculos aceita as oferendas que os mais humildes fazem em sua honra, lhes provendo colheitas fartas e abundantes, pelas quais suas Famílias possam ter o sustento garantido e uma Vida mais feliz.

Ela tem muitos Nomes Sagrados, e o pequeno coelho à sua direita fornece uma pista, a fim de que possamos reconhecê-la como *Eostre*: Deusa honrada no Equinócio da Primavera, e que inspira o *Sabbat de Ostara*, quando toda a Natureza renasce após o longo inverno, sendo esse Renascimento o que inspirou a Páscoa Cristã celebrada pelas religiões mais modernas.

Uma, entre várias versões sobre sua história, fala que Eostre fazia a Natureza renascer no Equinócio da Primavera; quando concluía o seu trabalho, um coelho lhe trazia lindos ovos coloridos coalhados de sigilos e símbolos mágicos relativos à Antiga Religião, para Lhe agradecer e Honrá-La por ter vivificado a terra. Certa feita, Eostre declinou, cortesmente, do direito de ficar com todos os ovos para si e pediu ao coelho que escondesse o restante em meio à natureza, a fim de que as crianças pudessem encontrá-los e compartilhá-los com suas Famílias, gerando um momento de Felicidade e Esperança renovada para todos. E esta seria uma das explicações a respeito de como surgiu o Coelho da Páscoa e o hábito de procurar ovos escondidos em meio aos jardins no Domingo Pascal, um costume perpetuado até hoje em vários países, mesmo que as crianças não saibam nada a respeito da Deusa Eostre, uma vez que as religiões de massa fizeram de tudo, sem sucesso, para tentar eclipsar a Antiga Religião.

Por representar a própria essência da terra e daquilo que está materialmente manifestado, a Rainha de Pentáculos tem uma Consciência absurda a respeito do seu corpo; nos orienta a buscarmos, na fase por ela regida, os melhores tratamentos, terapias e metodologias, os quais nos permitam cuidar bem do nosso corpo, como um Santuário que abriga O Deus, nosso Coração, dentro dele.

Sem perigosas vaidades descomedidas, que podem até colocar em risco a Vida de uma pessoa, a Rainha de Pentáculos volta a nossa atenção para os cuidados, o asseio e a atenção que devemos dedicar ao nosso corpo físico, ministrados por profissionais sérios, éticos, competentes, formados e gabaritados, que possam nos fazer amar o nosso corpo e adquirirmos uma amplitude de Consciência cada vez maior, a respeito de certos dados dele que nem sabíamos existir.

Como responsável pelos aspectos sociais e de assistência para todos que vivem sob os seus domínios, A Rainha de Pentáculos nos fala sobre nutrição e sobre economia doméstica, que permitem às mulheres humanas administrarem bem a riqueza e o gerenciamento dos recursos de que dispõem para a manutenção de seus lares e das suas Famílias, sempre bem cuidadas, mantidas e nutridas.

Com a chegada desta Senhora Élfica fascinante em um jogo, é a hora de administrar bem a riqueza, ter consciência do milagre que é o corpo humano, nutrir e se deixar ser nutrido com Gratidão pela Natureza e por toda a Vida ao nosso redor.

O REI DE PENTÁCULOS/ MOEDAS

Palavras-chave: *plenos poderes; realização material; influência; proficiência e competência para manifestar o inacreditável e chegar ao nunca antes sonhado; Justiça; Caráter, Equidade e Retidão; riqueza material praticamente ilimitada e a necessidade de saber lidar com isso; administração consciente e irretocável dos negócios; investimentos conservadores; empreendedorismo com solidez.*

O Rei de Pentáculos é a consolidação do Poder, do *status* e da ambição, num sentido mais material. Ele é um Rei que arregaça as mangas, a despeito das finas e elegantes roupas que esteja trajando, já tendo lutado e trabalhado muito para conquistar tudo o que tem, e manter seu Reino unido, próspero e em paz.

Pragmático, objetivo, perspicaz, justo, direto e reto em suas negociações, tratados e alianças, O Rei de Pentáculos não se envergonha de suas conquistas materiais, uma vez que tudo o que ele toca vira ouro; mas também não ostenta nem se vangloria de suas conquistas, pois sabe que esse tipo de atitude leva à ruína.

O Caráter, a Honra e a Integridade desse Rei brilham mais que todas as riquezas do seu Reino juntas. Talvez por isso suas palavras, apesar de poucas e comedidas, uma vez pronunciadas, são valiosos conselhos, disputados a preço de ouro não só por seus súditos, como também por pessoas de terras distantes, nas quais sua fama o precede.

O Rei de Pentáculos conhece todas as engrenagens e os organismos que fazem seu Reino prosperar, podendo até mesmo já ter trabalhado uma época junto a operários, lavradores, agricultores, mineiros e demais trabalhadores ligados a terra, à indústria e à produção, a fim de que pudesse adquirir proficiência nas mais diversas áreas profissionais, o que o fez ser respeitado por todos as classes sociais dos seus domínios.

Seu trono e sua coroa não são um mero resultado da transmissão do Poder por uma questão de Linhagem ou de herança. Ainda que sua nobre Família Élfica esteja no Poder há Eras, o que o ajuda a manter sua soberania é uma Herança Ética e Moral, a qual recebeu de seus antepassados e procura transmitir às novas gerações. Uma entre várias lições que este Rei nos transmite é: *"Antes de se legar terras, propriedades e bens materiais aos filhos, é necessário ensiná-los que ninguém é melhor pelo que tem e sim pelo que É. Valores, Virtudes, Moral, Integridade, Honra, Ética e Caráter são os primeiros tesouros valiosos que devem fazer parte da Herança que se transmite* às *novas gerações, a fim de que os filhos sejam Cura, Bênçãos e Prosperidade material, mental, emocional e espiritual para todos os que cruzarem seus caminhos, constituindo (os filhos) o Legado mais valioso que um Pai/Mãe pode deixar para a Terra".*

Os Reis são a maior autoridade entre os Arcanos da Corte, e representam poder, autoridade e soberania sobre o Naipe específico que cada um desses Soberanos rege.

Plena realização material, culminação do sucesso nas metas e nos objetivos empreendidos são trazidos pelo Rei de Pentáculos à consulta, às vezes como um indicativo de que teremos de buscar novas atividades, metas e ideais, já tendo chegado à conclusão bem-sucedida daquilo que havíamos nos proposto.

Ainda que seja um tradicionalista e conservador, o Rei de Pentáculos nos ensina a manter a mente aberta para novas possibilidade de negócios, avanços e progressos, incentivando também a não parar de estudar, com cursos e formações que mantêm o bom profissional sempre atualizado e prosperando cada vez mais.

Mecenas incentivador da Arte e financiador de várias expressões culturais, O Rei de Pentáculos também é generoso e dado à pratica da Caridade por intermédio de várias campanhas filantrópicas, nas quais ele aparece não apenas doando valores materiais, como também dando, presencialmente, o conforto por meio de um abraço, de um conselho, de uma palavra inspiradora ou, simplesmente, ouvindo em silêncio os menos favorecidos em seus momentos de desabafo, já pensando em como secar suas lágrimas.

Este magnânimo Soberano que auxilia muitos que estão no começo em suas carreiras profissionais valoriza a Lealdade e gosta de abrir caminhos para os mais esforçados, dedicados e disciplinados, no tocante aos estudos e à prática do seu ofício. Só não tolera a ingratidão, bem como jamais se esquece, ou perdoa, dos que cometeram traição.

O Rei de Pentáculos é realmente um personagem incrível, que nos ensina a sermos Senhores(as) da matéria e nunca seus escravos, compartilhando-a generosamente com todos ao nosso redor e deixando como Herança um legado de bons pensamentos, palavras inspiradoras e ações praticadas, no sentido de realmente querer auxiliar e servir ao próximo.

VAYUARIAN – OS REINOS DO AR
NAIPE DE ESPADAS

Acima das nuvens mais altas, em meio a furacões, tornados e ciclones; por detrás de Místicas neblinas, névoas misteriosas e brumas onde ainda ecoam os sussurros dos encantamentos e da Magia de outrora, encontram-se os Reinos de *Vayuarian*.

Os Reinos do Ar são habitados por Anjos, Arcanjos, Principados, Virtudes, Potestades, Domínios. Tronos, Querubins e Seraphins e por inúmeras Entidades Angelicais, mais misteriosas e menos conhecidas do gênero humano.

Também residem em Vayuarian os Silfos e as Sílfides, acompanhados por uma miríade infinita de Fadas – também encontradas em outros Reinos – com as quais repartem os variados domínios do elemento aéreo.

Os estranhos, enigmáticos e por vezes apavorantes Djinns (Gênios) do Ar também se fazem presentes em Vayuarian, emanando secretamente tentações, fascinações, comandos e manipulações mentais, para que algum humano incauto e desavisado esfregue as lâmpadas nas quais vivem contidos hermeticamente por secretos sigilos, e uma vez libertos decidam se serão benfazejos, realizando três desejos para quem os libertou, ou enlouquecendo completamente a pessoa que já se autossabota pelo tipo de ambições que tem em sua mente.

Com o passar das Eras, alguns Elementais do Ar, Fadas, Anjos e Djinns, passaram a acompanhar com muito interesse as atividades mentais do ser humano.

Os mais evoluídos começaram a soprar criatividade, rebuscadas formas de expressão, erudição e Gnose na mente humana, e as pessoas mais aptas e abertas para receberem essas inspirações se tornaram alguns dos gênios, nas mais diversas áreas do desenvolvimento humano, tendo seus nomes reverenciados até hoje.

Já os Elementais do Ar de índole mais guerreira se interessaram pelas atividades marciais e bélicas desenvolvidas pelos homens, e não intencional ou propositadamente conjurados por Magia, faziam com que as flechas de certos arqueiros jamais errassem o curso dos seus alvos, as espadas jamais deixassem de encontrar o ponto mais vulnerável das armaduras, nascendo assim guerreiros que se tornaram lendários e exércitos imbatíveis comandados por Senhores da Guerra de renome, cujos feitos épicos em batalhas mudaram o curso, os mapas, os territórios e a História da humanidade.

E ainda houve Elementais e Seres do Ar de índole mais ladina, maliciosa e astuciosa que, há milhares de anos, vêm fascinando a mente e a língua de certas pessoas fracas e influenciáveis, as quais se entregam a futricas, fofocas, intrigas e maledicências, profanando o Verbo Sagrado por seu mau uso, gerando desconfianças, mal-entendidos, separações e até tragédias nas Vidas das vítimas de seus comentários maldosos, que só são superadas pelo Karma negativo que sempre retorna àqueles que se comprazem em espalhar boatos, mentiras e calúnias, cavando com isso suas próprias sepulturas.

O Naipe de Espadas vai nos falar a respeito do incrível Poder da Mente, do Verbo, da comunicação e da expressão, agregados a inteligência, lógica, raciocínio e capacidade de gerar estratégias. É um Poder magnífico que manifesta coisas, circunstâncias e situações extremamente belas em nosso mundo fenomênico quando usado para o bem, mas a Mente pode se tornar assustadoramente destrutiva quando se deixa influenciar e cede ao psiquismo, criando o que não existe e jamais deveria existir.

ÁS DE ESPADAS

O Insight: *"A todo aquele a quem se concede o direito de portar uma Espada se deve também lembrar a responsabilidade que isso envolve. Uma Espada jamais deve sair de sua bainha se não for para defender a Justiça e as Causas Nobres, recomendando-se ao Cavaleiro que sempre aponte a Espada para seu próprio Coração, a fim de cortar qualquer traço de comportamento indigno que poderia macular a Honra e a Gloria da Cavalaria, compelindo ao Paladino o constante Dever do Serviço ao próximo"* (A.G.).

Tanto no Ocidente como no Oriente, podem ser encontradas muitas histórias sobre espadas formidáveis e os guerreiros lendários que as empunharam, mas nenhuma é mais notória do que *Excalibur*, cuja simbologia já está incorporada no inconsciente coletivo da humanidade.

Forjada quando o mundo era jovem e a morte era apenas um sonho, Excalibur foi uma espada destinada a Reis, a qual se tornou famosa desde o momento em que foi arrancada de uma pedra por um jovem desconhecido de todos, cuja real descendência era conhecida apenas por Merlin, que havia sido seu protetor quando do seu nascimento e permaneceria como preceptor e conselheiro de Arthur Pendragon desde a sua infância até sua Coroação como Rei dos Bretões, bem como por boa parte da *Demanda do Santo Graal.*

A presença do Ás de Espadas em uma consulta traz um grande Poder para dentro do jogo, que pode ser utilizado tanto para o bem como para o mal, uma vez que a Moral de uma Espada é definida pela intenção da mão que a empunha.

Pairando em meio a nuvens sobre as misteriosas brumas – quem sabe de Avalon –, vemos uma triunfal Espada apontando para o firmamento, como se dava quando Excalibur surgia por entre as águas, sustentada pela mão da *Dama do Lago*.

A posição da lâmina do Ás de Espadas apontando para céu simboliza a *Via da Verticalidade* associada à Elevação da Consciência, aos nobres e aos elevados pensamentos, além da Busca Espiritual, indicando que o ser humano deve procurar orientar sua mente, na fase em que ele está sendo regido por este Arcano, baseando-a em um forte senso de Justiça, agregado a um discernimento mental ético e correto, pelo qual a pessoa se mostra digna de sua Espada ou não.

Já a guarda horizontal da Espada representa a *Via da Horizontalidade*, que representa as atividades do dia a dia, os afazeres cotidianos, a relação que a pessoa tem com o plano material, seus ganhos, perdas, profissão, negócios e valores. E dependendo da importância que a pessoa dá aos valores materiais, bem como analisando a maneira pela qual procura obtê-los, já é possível profetizar se a lâmina da Espada se voltará um dia contra seu próprio portador ou não. O importante, analisando o *design* de uma Espada, é que a importância que damos para o plano material (cabo/guarda horizontal) jamais seja maior do que aquela que damos aos assuntos relativos ao Autoconhecimento e à Busca Espiritual (lâmina).

As estocadas e os golpes do Ás de Espadas (nossas ações) devem ser precisos, daí a importância da lucidez para se formular planos, estratégias e metodologias antes de qualquer ação.

O Ás de Espadas é uma força potencial, um verdadeiro presente enviado para a consulta de qualquer um que retira este Arcano e permite a realização de grandes coisas, desde que se tenha o Reto Pensar, o Reto Falar e o Reto Agir, como reta é a lâmina da Espada.

DOIS DE ESPADAS

O Insight: 38 *Disseram eles: 'Senhor, eis aqui duas espadas'. E Ele lhes respondeu: 'Basta!'"* (Lucas 22:38).

O Dois de Espadas nos apresenta um impasse, sendo necessárias muita diplomacia e calma, a fim de que consigamos manter o frágil equilíbrio momentâneo, mas ainda assim um breve período de harmonia, que se soubermos como utilizar pode evitar que certas situações conflitantes tomem proporções irreversíveis.

A bela Fada sustenta duas espadas que já se bateram no passado à altura do seu coração, simbolizando que o emocional precisa se manter equilibrado e que qualquer tomada de atitudes extremistas seria desastrosa, não apenas do ponto de vista mental, como também do ponto de vista emocional.

Estas duas Espadas representam princípios antagônicos, como pensamentos positivos e construtivos contra pensamentos derrotistas, temerosos e ansiosos com relação ao futuro; o impulso de falar o que vem sendo engolido faz tempo e a necessidade de se manter em silêncio, esperando por um momento mais oportuno e de uma paz mais duradoura, para se colocar as coisas às claras.

Não é uma fase confortável, ainda que tenuamente estável, podendo representar longos períodos de confusão e até de total parada de ação.

A Fada tenta usar as Espadas à frente do coração como forças aliadas, para que possa ser mantido e protegido o equilíbrio emocional, por meio do discernimento mental e do bom senso. Mas ela mesma sabe que a manutenção de certas emoções represadas está chegando ao fim e que, brevemente, terá de tomar decisões e agir antes que esse acúmulo emocional resulte em palavras irrefletidas e atitudes impensadas, que poderiam causar problemas ainda maiores do que aqueles que já não são fáceis de lidar.

Não se resolve uma fase de crise se fechando os olhos para o que está acontecendo, como vemos a Fada fazer, a não ser que ela tenha cerrado seus olhos para refletir sobre os problemas e encontrar um curso de ação apropriado para eles, advindo do seu interior, que pode ser o único refúgio seguro em meio a um exterior cada vez mais complexo, confuso e opressor.

Existem soluções, mas é necessário termos humildade para admitir nossos equívocos e parar de negarmos a verdade que está bem diante dos nossos olhos. Então, é possível atingir um nível de discernimento e lucidez mais elevado, que nos permite lidar com as mais complexas e delicadas situações.

Vale muito a pena adotar esta postura mais proativa diante dos desafios e vicissitudes da Vida, do que sermos radicalmente reativos a tudo e a todos. Lembre-se: muitas vezes, criamos inimigos e adversidades que só existem em nossa cabeça e, se quisermos derrotá-los, precisamos admitir que é a nossa própria tônica vibracional mental que atrai circunstâncias adversas para o nosso dia a dia.

TRÊS DE ESPADAS

O Insight: *"Se faz necessário termos mais empatia e compreensão para com todos, a começar por nós mesmos, porque ninguém sabe ao certo quantas dores pode carregar um Coração. Perdoarmo-nos pelos males que infligimos a nós, ou a outrem, em razão de nossa falta de Consciência é o primeiro passo para nos libertarmos de tudo aquilo que avilta e depõe contra nossa Real Natureza Divina"* (A.G.).

Três espadas ferem impiedosamente um coração que também se vê agrilhoado e envolvido por arame farpado, o que denota grandes dores, perdas, sofrimentos e rupturas.

Isso tudo acontece às vistas indiferentes de um Djinn do Ar, que está a se formar em meio a relâmpagos e trovões.

Definitivamente, o Três de Espadas é um dos Arcanos mais negativos em todo o Tarô e sua presença em uma consulta indica uma dolorosa lição a ser aprendida, agregada à necessidade de aceitar a dor, não fugir dela e, de forma resiliente, lutar contra a vontade de desistir de tudo.

Sermos magoados, atingidos, feridos e traídos, às vezes, por quem mais amamos faz parte da Vida e temos que nos perguntar: Quando estamos magoados, quem está magoado dentro de nós? O ego ou a Essência?

A pergunta é providencial, pois o nosso ego se magoa facilmente e cria a ilusão de que existe uma terrível conspiração contra nós e contra a nossa Felicidade. Já a Essência, que é Infinita, Divina, Perfeita e Imortal, não pode ser maculada pelas artimanhas do nosso ego e segue intocada, não se deixando magoar, ferir ou machucar por ninguém, por nenhuma circunstância ou adventos vindos do nosso exterior.

A lição a ser aprendida é que não existe sofrimento maior do que aquele que possamos infligir a nós mesmos, quando não nos conformamos com o término de relações ou de padrões comportamentais tóxicos e abusivos que, inconscientemente, podemos estar mantendo contra nós.

Se a dor se apresenta de maneira tempestuosa em nossas Vidas, sentimos o coração pesado, acorrentado e dilacerado por expectativas delirantes que criamos a respeito das outras pessoas e que ninguém tem a obrigação de cumprir. Todo esse sofrimento só irá embora quando deixarmos de conviver com lembranças infelizes e evitarmos reviver cadáveres de pessoas que feriram muito mais a si mesmas do que a nós, quando não responderam com Sinceridade, Ética e Integridade à nossa Boa Vontade e aos esforços para tratá-las mais como Divinas Essências Emanadas e menos como coisa humana criada e desprovida do mínimo de sensibilidade, empatia e percepção, não permitindo que vissem o quanto a nossa Amizade e Amor ao próximo, algo raro hoje em dia, eram uma dádiva maravilhosa para a qual não deveriam ter voltado as costas, e pagado Dedicação com ingratidão.

Uma vez que essas três Espadas cravadas em um Brasão/Coração – sombrio padrão heráldico – estão a nos lembrar do quanto o nosso mental pode abalar e ferir o nosso emocional, faz-se necessária uma libertação de pensamentos opressivos, pesarosos e autodepreciativos, por meio da maturidade das lições, aprendidas mesmo em meio à mais intensa dor.

Quando recebemos a dor, a aceitamos e a trabalhamos com discernimento, gradativamente o que nos afligia começa a perder sua força. Então, inicia-se o processo de autocura, no qual as cicatrizes adquiridas serão como linhas de um complexo e difícil texto de ser lido, mas pelo qual libertamos a nossa Alma, o nosso Coração e a nossa Mente de tudo aquilo que não era condizente com o mais Divino e Essencial em nós, sendo impossível os desafios e os testes do futuro causarem os mesmos estragos que foram ocasionados quando ainda não tínhamos a maturidade, que só o Tempo e a Paciência podem nos trazer.

QUATRO DE ESPADAS

O Insight: *"Existe um local Santo e Secreto dentro de cada um de nós: Nosso* Sanctum Sanctorum *Interior. Independentemente das agitações externas, quando nos abrigamos sob as Asas dos Anjos do Senhor e adentramos o nosso Coração, tornado Rosa Flamejante, podemos irradiar tudo a partir desse Centro Cardíaco: Felicidade, Prosperidade, Saúde e Vida Plenas;, nada é impossível quando estamos em Paz Profunda"* (A.G.).

O Quatro de Espadas desvela *O Segredo* das florestas suspensas nas alturas dos Reinos de Vayuarian. A um olhar atento, os troncos das árvores se convertem em robustas colunas que sustentam a Abóbada Celestial acima delas. O Sol, ao transpassar as gotas de orvalho, gera padrões luminosos e coloridos que ficam contidos entre os galhos de formato ogival, tal como os vitrais das catedrais construídas por humanos, membros das guildas de construtores medievais que também conheciam os segredos das florestas e os refletiram em góticas construções, nas quais as pedras brutas, quando lapidadas por habilidosos artífices, se converteram em verdadeiros Livros Mudos da Alquimia, cujas páginas são as pétreas paredes, torres e nichos para os(as) Santos(as), coalhados de Símbolos Alquímicos.

No centro deste Santuário Natural, uma serena e delicada Fada sentada na posição de Lótus, cuja Força Interna é infinita e descomunal, reflete, ora e medita, submetendo as Quatro Espadas ao seu redor à sua vontade para lhe servirem de guarida e proteção contra as distrações advindas do mundo exterior e das camadas mais densas do Plano Mental, repletas de contradições, dúvidas e ansiedades que não honram a Mente Superior.

Atrás da Fada, vemos um enigmático Portal que ela aprendeu a acessar, o qual conduz ao âmago do seu Coração, onde se encontram todas as respostas aos Mistérios da Vida, da Natureza e do Universo.

Ecoam incessantemente nesta mística floresta os Coros que os Anjos cantam à Glória da Paz Profunda, enquanto a Fada sonha lucidamente com a realidade que quer ver manifestada assim que abrir os olhos.

O Quatro de Espadas representa um período de Paz em nossas Vidas, a despeito das batalhas ao nosso redor. O(A) guerreiro(a) não pode permanecer entre trincheiras 24 horas por dia, 365 dias por ano.

De tempos em tempos, surge uma oportunidade de "Santuário" em nossas Vidas, em que devemos regressar para o nosso lar e dedicar mais tempo à nossa Família. Caso não seja possível fazer esse deslocamento fisicamente, quando o guerreiro está distante de sua terra natal, sempre é possível ir para nossa "Casa Interior" fechando os olhos, lembrando os primeiros aromas e gostos da infância; os momentos de alegria ao redor dela; os jogos e as brincadeiras com os familiares; a sábia voz dos nossos Pais e Antepassados; e seus conselhos, repletos de Amor e Sabedoria. A conexão é imediata e, a partir do momento em que ela se dá, toda nossa Ancestralidade Primordial vem para nos apoiar, dar guarida, sustentáculo, alívio e Proteção Espiritual.

Arcano por excelência da autocura, o Quatro de Espadas permite uma profunda e útil autoanálise, a fim de que nos lembremos do quão únicos, exclusivos e especiais nós somos e da Bênção que foi termos recebido e nos concedido mais uma oportunidade de reencarnar, para que nossa presença na Terra seja *Auspiciosa Jornada* não apenas para nós, mas também para o planeta como um todo, com o qual colaboramos quando não somos nós a iniciarmos qualquer tipo de problema, porque estamos em Paz.

O Quatro de Espadas sugere que sejam aprendidas as metodologias de relaxamento, concentração, visualização criativa e de Infinita Gratidão, pelas quais aprendemos a criar em nossas mentes o que queremos ver manifestado à nossa frente. Ignore os céticos e os que condenam as técnicas de afirmações positivas e de visualização criativa – quase sempre recalcados com sua

Felicidade ou espertalhões mal-intencionados que estão tentando vender seus "novos produtos infalíveis" para "alcançar o sucesso", os quais não possuem nenhuma comprovação de eficácia, a despeito da pirotecnia e do espetáculo que fazem para tentar ludibriar a boa-fé das pessoas –, pois elas têm se provado altamente eficazes desde a Aurora da humanidade para aqueles que compreendem que, em matéria de materialização de desejos, o que funciona para nós é o que determinamos mental e confiantemente que funcionará, e isso se chama *FÉ*: Esse é o Real Poder da Mente e das pessoas de sucesso e de opinião, que de fato fazem a diferença neste mundo.

Aproveite o período abençoado proporcionado pelo Quatro de Espadas em uma consulta para repensar estratégias, rever opiniões e até mesmo mudar completamente de direção, caso sua intuição lhe sugira isso.

Sai renovado e renascido da fase regida pelo Quatro de Espadas todo(a) aquele(a) que procura elevar e iluminar sua Alma por meio da Fé; serenar seu Coração pelo silenciar de ilusórias ansiedades futuras; e direcionar sua Mente para a Retidão que nos protege de qualquer possibilidade de fracasso, pois o Universo Honra aqueles(as) que não transgridem suas Leis e conhecem seu Tempo, que oscila entre períodos de atividade e períodos de repouso; períodos de Paz e períodos de guerra: *"Si vis pacem, para bellum.*

CINCO DE ESPADAS

O Insight: *"Aceitar a derrota não é humilhar-se: É reconhecer o quanto ainda nos falta crescer e progredir em matéria de Evolução da Consciência.*

Bons vencedores sempre estendem as mãos aos vencidos e sábios subjugados sempre a aceitam com Gratidão, a fim de que possam aprender com os melhores evitando, assim, futuras derrotas" (A.G.).

No Topo do Mundo, vemos um poderoso Silfo Guerreiro, Primeiro Paladino do Deva do Ar, infligindo uma derrota vergonhosa a dois humanos que ousaram subir às alturas para se vangloriarem depois, não tendo prestado os devidos respeitos nem a devida Honra ao penhasco, antes de começarem a escalada.

Foram surpreendidos pelo Silfo que lhes cortou o caminho e ordenou que regressassem à base do penhasco, prestassem os devidos respeitos à Natureza e só depois iniciassem a subida.

Soberbos, altivos e arrogantes, confiantes em seu maior número de dois contra um e se gabando de suas reluzentes espadas e armaduras, resolveram forçar passagem e confrontar o Silfo.

Furioso, o Silfo sacou suas duas espadas com a rapidez do relâmpago e desarmou os dois homens antes que eles nem pudessem sequer colocar suas espadas em riste. Tomou-lhes as armas, como já havia feito antes com outros arrogantes e incautos, e as levara consigo para ornamentar o castelo em que vive, cujas paredes internas e externas brilham metalicamente à luz do Sol, quando ela reflete os incontáveis escudos, armaduras, lanças e armamentos de todas as épocas que o Silfo arrancou de homens e de exércitos inteiros que ousaram desafiá-lo, ou não Honraram respeitosamente a Natureza.

Os homens só não foram mortos e atirados penhasco abaixo, pois o Silfo Guerreiro se compraz em humilhar os que se acham espertos. Terão agora que descer sem suas Espadas e ainda explicar para seu Rei como as perderam, muito provavelmente sendo desligados da Guarda Real, não sem antes passarem um bom tempo presos no calabouço, por terem envergonhado todo um Reino diante dos elevados Reinos de Vayuarian e, além do mais, desonrado os pactos que o gênero humano deve manter para com os Elementais, a fim de que os dois Planos possam colaborar e prosperar como um só.

O Cinco de Espadas representa a derrota. É um Arcano que nos faz refletir seriamente sobre a nossa postura quando somos derrotados, bem como sobre o nosso comportamento quando somos nós a derrotar alguém, a fim de que nossa vitória não se converta em um ato vergonhoso e reprovável.

Cada vez mais o gênero humano é estimulado a competir e vencer sempre. Ser *O Número Um, O Cara, O Primeiro na Linha de Chegada*. E a pergunta que não quer calar é: A que preço?

Tanto a vitória quando a derrota possuem uma Virtude em comum que poucos sabem praticar: A Humildade.

Até mesmo o Silfo Guerreiro, ainda que tenha agido corretamente em defesa da Honra à Natureza, é um pouco arrogante ao ficar com as Espadas dos derrotados e ainda se comprazer com a humilhação que impôs a eles. Quem assim age, se achando imbatível, um dia acaba atraindo para seu Destino alguém que irá lhe provar o contrário e fazê-lo experimentar o gosto amargo da derrota.

Com relação aos guerreiros humanos, ambos buscaram a derrota para si mesmos ao adentrarem de forma desrespeitosa em um território desconhecido, sem prestarem os devidos respeitos. E tem gente que é assim: gosta de "chegar chegando", se sentindo "o(a) dono(a) da situação", não pedindo permissão a ninguém antes de fazer alguma coisa e realmente achando que é "grande coisa", ou seja, "a última bolacha do pacote".

O Cinco de Espadas é um alerta que ensina a lidar com a derrota por meio da Humildade, a qual permite o aprendizado de valiosas lições; e com a vitória, mediante o devido Comedimento que jamais alardeia as conquistas, muito menos despreza ou humilha os vencidos.

Um vencedor jamais se gaba, ou reconhece a si mesmo, deixando que os outros falem de seus feitos.

Toda a Vitória deve ser creditada ao Deus dos nossos Corações e da nossa compreensão, pois sem Ele nada se faz. E toda derrota deve ser creditada à falta de prudência e ao excesso de soberba, que não permitem reconhecer que não existem piores inimigos ao homem do que ele mesmo, quando não busca se reconciliar e estar em Paz consigo, com todas as criaturas da Terra e além dela.

SEIS DE ESPADAS

O Insight: *"Deixar ir o que nos impede de Ser é o primeiro passo para mudanças significativas em nossas Vidas"* (A.G.).

Uma pequena embarcação conduzida por um intrépido Silfo vai rumando em direção a águas mais abertas, mares mais serenos e dias mais ensolarados, em terras mais paradisíacas.

As nuvens carregadas de toda violência dos Arcanos anteriores vão ficando para trás, juntamente ao retumbar dos trovões e dos ecos das batalhas, algumas irremediavelmente perdidas.

Na embarcação, uma delicada Fada, que não combina com as paragens áridas e hostis que tomaram sua antiga terra natal após inúmeras e exasperantes contendas, foi resgatada pelo Silfo, cujo próprio corpo lhe serve de escudo à frente da canoa, tendo ele aberto mão da própria segurança e disposto todas as Espadas das quais dispunha para proteger a retaguarda de sua protegida, a fim de que nenhum mal pregresso e traiçoeiro venha atacar-lhe pelas costas.

O Seis de Espadas é um Arcano de retirada, passagem, jornada e mudança em direção a terras mais tranquilas e ainda preservadas de qualquer tipo de conflito.

As Espadas na parte detrás da embarcação representam a necessidade de cortarmos, definitivamente, qualquer tipo de vínculo com uma existência pregressa que não nos serve mais e que está sendo deixada para trás.

O deslizar sereno da canoa sobre as águas, que já foram agitadas e turbulentas quando do início dessa jornada, representa o restabelecer do controle emocional que se dá quando nos predispomos a nos retirar de situações, relacionamentos e circunstâncias que não acrescentam nada de positivo em nossa Evolução de Consciência.

A presença do Seis de Espadas em uma consulta representa a necessidade de mudarmos, se queremos que a nossa Vida mude. Uma vez rompidos os laços com tudo aquilo que nos oprimia e nos fazia viver constantemente sob tensão, devemos partir sem culpas, nem arrependimentos, e não olharmos para trás.

Não podemos levar em nossa bagagem, rumo a uma nova fase, rancores, mágoas, remorsos e desejos de vingança. Todo esse peso pregresso poderia fazer a embarcação afundar, sendo esta uma excelente metáfora no tocante a aprendermos a viajar leves pela Vida, sem jamais carregarmos fardos que não nos pertencem mais e nos quais nunca deveríamos ter nos apegado.

A chegada a um porto seguro é praticamente certa com a presença do Seis de Espadas em uma consulta. Só evitemos falar muito abertamente sobre as mudanças que pretendemos fazer em nossas Vidas, a fim de não atrairmos piratas que poderiam atacar a embarcação (nosso emocional) e roubar os nossos sonhos mais acalentados, fazendo nossa Esperança naufragar.

SETE DE ESPADAS

O Insight: *"Quem pensa ser capaz de enganar as pessoas o tempo todo, às vezes é bem-sucedido durante um certo tempo, uma vez que enganou a si mesmo em primeiro lugar; para uma mentira ser bem-sucedida, o enganador a toma para si e passa a repeti-la, gerando uma distorcida realidade. Mas com o passar do tempo, tanto o mentiroso quanto o enganado estarão karmicamente comprometidos, mesmo que nunca voltem a se encontrar. E quando a Lei de Causa e Efeito cobrar o que lhe é devido, todo aquele que mente, trai, calunia e adultera os fatos irá desejar nunca ter feito isso, só que será tarde demais"* (A.G.).

Vemos uma Sílfide se esgueirando sorrateiramente por entre as árvores e sem levantar voo – algo raro em virtude da natureza desses seres –, como se ela não quisesse ser avistada nem chamar a atenção. Um outro motivo que lhe impede de voar é o peso das Sete Espadas que está tentando roubar, sendo que duas já lhe escaparão das mãos. Será que fizeram algum barulho ao fincar no solo? O roubo da Sílfide teria sido descoberto e já estariam em seu encalço?

O Arcano do Sete de Espadas nos alerta no tocante à malícia, à mentira, à falsidade e ao engano, a fim de que não sejamos ludibriados, muito menos ludibriemos o nosso próximo, atraindo sobre as nossas cabeças um Karma terrivelmente negativo.

A Sílfide está cometendo um sério delito ao roubar armas de um acampamento não tão distante, no qual Silfos e outros Seres do Ar se preparam para uma importante batalha. Não tem essa ladina personagem amor à sua Vida? O que acontecerá se for pega ou descoberta? Por um minuto pensou sobre a consequência dos seus atos no que concerne à falta que essas armas farão na contenda iminente que se avizinha?

O assustador na Sílfide é a sua expressão de um certo desdém e satisfação, como se estivesse se deleitando com todo esse perigo iminente.

Quando traímos a confiança de alguém, nunca mais seremos dignos dela. É como um vaso que ao quebrar, por melhor que seja remendado, jamais voltará a ser o mesmo e ter a mesma beleza original.

O Sete de Espadas nos faz refletir sobre a imaturidade da crença de que vale a pena trair a confiança do próximo, bem como nos chama a atenção para ficarmos alertas com relação às pessoas ao nosso redor na fase que é regida por este arcano, o que inclui indivíduos muito próximos e até familiares, pois a traição, infelizmente, costuma vir de quem menos se espera e das pessoas que considerávamos as mais leais.

A Lei de Causa e Efeito já começa a acercar-se da Sílfide com a queda de duas Espadas que irão atrasar a sua fuga, caso volte para recuperá-las. Ou até comprometê-la irremediavelmente se forem deixadas para trás e descobertas suas digitais nos cabos das armas.

Infelizmente, algumas pessoas desprovidas de Caráter estão dispostas a se vender e a comprometer a idoneidade que nunca tiveram em troca de uma efêmera, frívola e torpe satisfação. Tomemos esse tipo de gente como um exemplo a não ser seguido e jamais desfaçamos de um dos presentes mais valiosos que nos foi legado por nossos Pais e Antepassados e que podemos continuar nos autoconcedendo sempre que falamos a Verdade, somos Éticos e Íntegros: A nossa Honra.

OITO DE ESPADAS

O Insight: *"Todo aquele que menospreza a si mesmo teme o que não existe e não exercita sua autoconfiança; deixa uma porta aberta para ser subjugado por circunstâncias exteriores e pessoas de índole questionável, que se comprazem em desfazer daqueles que não podem superar e que têm um só inimigo verdadeiro, cujo reflexo é visto sempre que se olham no espelho".* (A.G.).

Vemos uma doce Fada com os pulsos atados, encerrada dentro de um recipiente de vidro. Está cercada por Oito Espadas, o que a obriga a se movimentar de maneira contida e com muito cuidado para não se cortar.

O Oito de Espadas traz para a consulta uma terrível sensação de impotência acrescida dos sentimentos de opressão, cerceamento da vontade, limitação e cansaço, como se estivesse ocorrendo uma drenagem de energia.

A Fada está de olhos fechados, e sua cabeça tombada para baixo é sinal de que ela está prestes a desistir de tudo e a sucumbir junto às chamas dos círios que iluminam sua vítrea prisão. Ambas as velas já estão próximas do fim, no tocante à luz e ao calor que proveem, e se forem extintas antes que a Fada se liberte, isso poderá custar-lhe um preço muito alto a ser pago.

Tragédia maior é vermos que o vidro está sem a sua tampa e, portanto, não constitui uma prisão. Com um pouco de esforço e destreza, caso a Fada comece a movimentar com cuidado suas asas, seu corpo começará a se elevar e, em pouco tempo, ela poderá ficar livre de seu cárcere. Mas por que ela não tenta?

Uma vez fora do vidro, mesmo que esteja fraca, a Fada poderá ser auxiliada em sua fuga pelas Salamandras (Elementais do Fogo), que não se recusarão a revitalizar-lhe as energias perdidas à luz dos círios bruxuleantes.

Infelizmente, algumas pessoas se deixam oprimir, abrindo mão de sua vontade própria, a fim de que possam ser aceitas em sociedade. Por mais que sejam alertadas por quem realmente lhes quer bem, no tocante ao fato de estarem sendo usadas, exploradas e abusadas, se recusam a ouvir e continuam se sujeitando aos seus algozes. Quando não têm mais utilidade e já não podem dar o que seus aproveitadores exigem, são deixadas ao esquecimento, não sendo reconhecidos os seus esforços nem o seu trabalho, cuja colheita será a ingratidão.

O Oito de Espadas é um chamado severo para abrirmos os olhos, parar de adiarmos o que já deveria ter sido resolvido há muito tempo e compreendermos que não devemos, em hipótese alguma, aceitar qualquer tipo de opressão, cerceamento da nossa Vontade e impedimento de exercermos nossa liberdade de escolha.

Da mesma forma que a Fada não vê que o vidro está destampado por estar de cabeça baixa e olhos fechados, existem pessoas que só reclamam, só murmuram e só resmungam. Fazem sempre o papel de vítimas, mas quando lhes é mostrada uma solução, dão logo um jeito de encontrarem cem novos problemas para cada solução apresentada.

Este Arcano deixa muito claro que não se solucionam os problemas se fechando os olhos para o que está acontecendo.

Precisamos parar de agir como se estivéssemos diante de um destino terrível, perante o qual fôssemos completamente impotentes e reféns das circunstâncias.

Todas as circunstâncias, encontros com pessoas e acontecimentos que envolvem a nossa Vida são gerados a partir da nossa mente. A partir do momento que deixamos de temer o que não existe, a não ser em nosso mental, os caminhos gradativamente começam a se abrir de novo, as soluções vão aparecendo e as pessoas aproveitadoras vão se retirando da nossa Vida, quando deixamos de alimentar esses verdadeiros vampiros aos quais nada devemos.

Sempre existe uma saída para qualquer tipo de crise ou situação problemática, quando recordamos quem Essencialmente Somos e fazemos o máximo com o mínimo que temos em mãos.

O Oito de Espadas pede para que nunca se permita o eclipsar da nossa Luz por parte de pessoas recalcadas, invejosas e despeitadas, que anseiam ver nossa Vida parada, a fim de que pareçamos um pouco mais com o padrão medíocre de indivíduos que estão acostumadas a explorar.

Frustremos suas nefandas expectativas, jamais deixando de confiar em nós mesmos, não nos sentindo vítimas impotentes de um destino cruel e jamais aceitando as restrições que tentam nos impor, pois restritos e limitados em Evolução de Consciência são todos aqueles que se ocupam em desdenhar das Vidas alheias.

Confiemos sempre em nosso potencial, na nossa inteligência, nos nossos talentos e infinitas capacidades de encontrarmos uma saída, quando entramos dentro de nós mesmos para encontramos Deus em nosso Coração: a partir do momento em que esse *Encontro* se dá, passamos a ser completamente Livres.

NOVE DE ESPADAS

O Insight:

"Realmente.

É um pesadelo estarmos acordados e continuarmos dormindo, no tocante à Evolução da nossa Consciência;

É um pesadelo estarmos existindo sem Viver;

É um pesadelo enxergarmos e não Vermos coisa alguma, nem a nós mesmos;

É um pesadelo escutarmos, mas não Ouvirmos nada;

É um pesadelo toda a oportunidade de Despertar desperdiçada" (A.G.).

Ao não resolvermos logo o que precisa ser resolvido e não pode mais ser adiado; quando guardamos em nosso interior mágoas e emoções mal resolvidas; e ao deixarmos de admitir a nossa culpa em erros e transgressões nos quais temos participação, tudo isso se torna insustentável, pois o ser humano não tem estrutura para acumular tanta pressão e aí passamos a ser atormentados por pesadelos, mesmo que estejamos acordados.

A Sílfide que vemos solitária em seu quarto de dormir não consegue encontrar uma posição confortável e relaxante em seu leito. Muito pelo contrário: vemos que ela está apreensiva com a chegada da noite, sendo assaltada por Nove Espadas que plasmam temerariamente sobre sua cabeça.

Quando a consciência está pesada, os pesadelos se manifestam, o sono não vem e ficamos revirando de um lado para o outro na cama.

O psiquismo, pressionado por pensamentos descompensados, pode começar a imaginar coisas, ainda mais à noite; a pessoa se põe a ver fantasmas e vultos que não existem de fato, ficando sobressaltada ao menor ruído que ouve em meio à sua solidão, facilmente começando a delirar no sentido de que não está sozinha, está sendo observada e invadiram sua casa.

Em fases regidas pelo Nove de Espadas, é apropriada e aconselhável uma profunda e útil autoanálise, pela qual possamos reconhecer e admitir os erros cometidos, abordando-os de maneira lógica e madura. Isso fará com que sejam exorcizados tanto os fantasmas do passado quanto os medos ilusórios do presente, que geram temerosas expectativas sobre o futuro.

Da mesma forma que todos os terrores noturnos, toda a angústia e toda a aflição perdem grande parte do seu poder quando a luz da *Dourada Aurora* se manifesta, ao admitirmos nossas responsabilidades à Luz da Verdade, deixamos de nos pressionar em nível interior e não podemos mais sofrer chantagens ou pressões advindas de fora.

Um sono sereno e tranquilo é fruto de uma Consciência Evoluída e do trabalho que fazemos quando estamos "Despertos", de modo que sejamos irrepreensíveis no tocante à nossa conduta profissional, à empatia que temos para com o nosso próximo, à educação com a qual tratamos as pessoas e à reverência sempre prestada à nossa Família, aos nossos Antepassados e à Ancestralidade Primordial.

DEZ DE ESPADAS

O Insight:

"25 Sucede-me o que mais temia, o que mais me aterrava acontece-me.

26 *Vivo sem paz e sem descanso, eu não repouso: O que vem é a agitação!"*

(Jó 3:25, 26)

O Dez de Espadas é um dos Arcanos mais temidos entre todos os Arcanos Menores e Maiores do Tarô.

Ele representa a cristalização do que mais se temia e que foi atraído para a Vida da pessoa, justamente por temores, de início, irracionais, mas que acabaram se enraizando na mente e fazendo com que ela passasse a vibrar na tônica vibracional dos desastres temidos e agora manifestados.

Pequenas Fadas atravessaram a noite escura, trazidas por um sentimento de urgência e gravidade que agora passa a lhes fazer sentido. Quando chegaram a um dos territórios de Vayuarian se depararam com uma Sílfide, outrora cheia de Vida, agora caída ao solo.

A Sílfide chegou ao limite e total esgotamento de suas forças, depois de ter suportado e acumulado pesados fardos emocionais e mentais ao longo de muito tempo.

Uma triste elegia começa a ser entoada pelas Fadas, atraindo outras de sua espécie, a fim de que, quando atingido o número suficiente, elas possam erguer o corpo da Sílfide e levá-la para um lugar mais digno em paragens mais felizes, onde ela poderá passar meses até se recuperar ou, infelizmente, será sepultada, pois não há mais nada a ser feito.

A aceitação da perda, do relacionamento que terminou irreconciliavelmente, do negócio que não se realizou e da meta que não se cumpriu é a única ação possível na fase regida pelo Dez de Espadas.

Houve sinais de que um desastre era iminente, mas nem sempre o gênero humano admite o que está na sua frente, preferindo se autoenganar, até ser tarde demais.

Quando este Arcano rege o passado, seu teor é menos preocupante, uma vez que o que já passou está morto, concluído e deve permanecer enterrado. Ainda que não tenhamos sido bem-sucedidos, deixemos ir as circunstâncias desastrosas e as pessoas, muitas vezes irrelevantes, que já se foram. Ficar relembrando, bem como se martirizando pelo que já passou, é como conviver com mortos-vivos que voltam para nos assombrar quando não damos os assuntos por encerrados e ficamos nos lembrando de quem já nos esqueceu há muito tempo.

Dez de Espadas no presente é uma advertência em boa hora, relativa a algum comportamento desagradável do qual necessitamos nos desfazer, bem como de situações, circunstâncias e pessoas das quais precisamos nos afastar, antes que nossa teimosia e inconsciência nos levem à ruína, se é que isso já não está acontecendo.

No futuro, o Arcano promete dias vazios, cinzentos, incertos, sem conquistas nem vitórias. Se existe algo bom é o fato de que poderemos nos libertar de uma vez por todas do que só tem nos causado dores, sofrimento, ansiedade e aflição. É preferível a perda, pela qual preservamos ainda um pouco da nossa saúde mental, do que efêmeras vitórias que acabam cobrando preços terríveis, como: a perda da lucidez, o descontrole emocional e até enfermidades, com agravamentos consideráveis em razão do estresse, pelo envolvimento com pessoas e situações para as quais jamais deveríamos ter dado aberturas em nossas Vidas.

A despeito do quão triste, perturbador e assustador possa parecer o Dez de Espadas, sua presença permite um nível de autoconscientização raro e por meio do qual compreendemos que acordamos pelo Amor ou, inevitavelmente, acordaremos pela dor.

O PAJEM DE ESPADAS

Palavras-chave: *comunicação; bom ou mau uso da inteligência; perspicácia; rapidez de raciocínio; destreza; notícias que chegam; intrigas; traição; boatos que podem gerar embaraços; aprendizado de idiomas; necessidade de responsabilidade sobre o que se escreve e sobre o que se fala; infantilidade; manipulação.*

O Pajem de Espadas é o mais forte de todos os Pajens, em nível Mental.

Curioso e sempre disposto a aprender, este jovem irrequieto, questionador e de espírito eloquente, criativo e inovador, muitas vezes é alguém difícil de acompanhar, tamanha a rapidez do seu raciocínio.

De ouvidos atentos, o Pajem de Espadas acaba ficando por dentro de tudo o que acontece na Corte de Vayuarian. E o que ele não ouve, acaba intuindo ou, até mesmo, inventando, o que pode ser um problema quando não reflete antes de falar e passa a aumentar as histórias, colocar palavras que não foram ditas nas bocas das pessoas, se divertindo em espalhar boatos que podem ter consequências embaraçosas lá na frente.

Como comunicador, ele é o *Arauto Ideal*, não apenas por sua didática na hora de transmitir as informações, mas também por sua notável oratória, por meio da qual floreia suas palavras, sendo suas comunicações sempre algo surpreendente de se ouvir.

Sua Mente é multifacetada, o que lhe permite falar sobre os mais diversos tipos de assunto e às vezes ao mesmo tempo, intercalando um assunto ao outro, não dando espaço para seus ouvintes nem sequer conseguirem questionar a maioria de suas informações.

Nem sempre alguns jovens que ocuparam o posto de Pajem nos Reinos do Ar se utilizaram de sua inteligência, erudição e brilhantismo de raciocínio para fins nobres. Alguns acabaram se tornando espiões extremamente hábeis sem jamais serem descobertos, enquanto outros lucraram muito com informações privilegiadas e com o conhecimento dos segredos mais obscuros do Reino, tornando-se agentes duplos, manipuladores e chantagistas, que acabaram angariando inimigos poderosos, o que os levou a dormir com um olho aberto.

Mediante o que acaba de ser colocado no parágrafo anterior, caso a versão sombria do Pajem de Espadas esteja circulando por salões, corredores e cercanias da nossa Vida, faz-se necessário estarmos atentos contra pessoas manipuladoras, falsas e de índole ladina, as quais se vence facilmente não permitindo com que elas espalhem suas fofocas e maledicências a respeito daqueles que muitas vezes nem estão presentes para se defender. Quando impedimos os boatos de circularem confrontando os fofoqueiros com a Lâmina da Sinceridade, nós os desarmamos e os expomos a um ponto que suas intrigas nunca mais serão ouvidas, muito menos levadas a sério por alguém.

O bom e exemplar Pajem de Espadas se utiliza de sua arma para ir cortando camada após camada de desinformações, dados dúbios e incorretos, até que consiga atingir o âmago da Verdade que tanto busca.

Este jovem traz para a consulta a importância de fortalecermos a nossa Mente, acrescida do interesse pelos mais variados tipos de estudos e formas de comunicação, criatividade e expressão.

Este Arauto inspirado nos diz sobre a importância de nos comunicarmos de forma fluídica, lúdica e divertida, mesmo que ele ainda não tenha toda a maturidade para lidar com o alto grau de seriedade de algumas informações, o que nos fará aprendermos a ter maior responsabilidade sobre o que falamos, para quem falamos e quando falamos, se quisermos discernir fatos de realidade, evitando sermos vítimas de boatos e também não os espalhando por nossa própria conta.

O CAVALEIRO DE ESPADAS

Palavras-chave: *intrepidez; coragem; ousadia; caminhos abertos; força e determinação; cuidado com a impetuosidade, que nos levar a agir sem um planejamento e a tropeçar catastroficamente nos momentos mais decisivos da vida; raciocínio rápido; oratória contundente; ataques inesperados que garantem conquistas e vitórias para os que sabem lançar mão desse trunfo.*

O Cavaleiro de Espadas é *Lancelot – The First Knight*; *Leônidas, à frente de seus Trezentos de Esparta*; *Aquiles, no comando de seus Mirmidões* e muitos outros exemplos de heróis que poderiam ser citados e que saem correndo à frente dos exércitos, como se sozinhos pudessem enfrentar todos os Senhores da Guerra e poder bélico do mundo.

Este Arcano traz para a consulta a intrepidez, os atos impensados, a impetuosidade, o gênio forte e o dinamismo em movimento que não pode ser contido.

O Cavaleiro de Espadas, diferentemente dos demais, anseia pelas guerras e esporeia seu cavalo para que ambos cheguem mais rápido aos campos de batalhas. Seu ataque é letal, intenso e violento sem se importar com as consequências, como se um ciclone tivesse entrado na peleja e não deixado pedra sobre pedra após a sua passagem.

O mais intrépido dos Cavaleiros dificilmente cria raízes ou contrai vínculos, pois está sempre buscando uma nova aventura que às vezes pode levá-lo para terras muito distantes e desconhecidas, das quais ele não sabe se voltará.

Devemos aproveitar a energia do Cavaleiro de Espadas em uma consulta para atacar as situações de frente. Sua investida é intensa e épica no início, mas com o passar do tempo, ele vai se desinteressando pelos caminhos já batidos, não suportando rotinas e restrições. Então, o que tem que ser resolvido que se resolva rapidamente e sem pensar muito, antes que todo o seu potencial se disperse e o Cavaleiro queria embarcar em novas campanhas, que lhe parecem mais desafiadoras e dignas do desembainhar da sua espada.

Iniciar é com o Cavaleiro de Espadas. Já dar continuidade aos projetos iniciados, se fixar a terra e fazê-la produzir são tarefas para os camponeses e não para aquele que vem para abrir os caminhos, depois partindo rapidamente para outros destinos.

Este Cavaleiro encarna o espírito dos libertadores e dos revolucionários. Tem poder para gerar mudanças repentinas, romper com o passado e começar uma Nova Era, a despeito de toda a confusão que isso possa ocasionar. Mil vezes lidar com uma nova aventura e com o desconhecido todos os dias do que ficar preso ao passado e restringido em seu grande potencial para explorar e descobrir inovadoras possibilidades de evolução.

Muitas vezes frio e impessoal, O Cavaleiro de Espadas arranca suspiros das Damas e *Ladys* de Vayuarian, mas se enganam as que pensam que podem possuí-lo ou tê-lo só para si. Liberdade é uma das coisas que esse *Príncipe Encantado* mais preza e dificilmente ficará com a Donzela para que ambos vivam *felizes para sempre*: "Para sempre" é um tempo interminável para o Cavaleiro de Espadas, que prefere viver o momento atual sem se importar com o dia de amanhã.

Tentar prender e comprometer o Cavaleiro de Espadas só se o quisermos ver partindo rapidamente a galope para bem distante de nós.

Ideias inovadoras, pensamentos inusitados, planos, que podem ser tanto bem-sucedidos como levar ao desastre, fazem parte das aventuras do Cavaleiro de Espadas. A Mente é uma arma poderosa, às vezes nossa aliada, às vezes nossa inimiga mais temível. Justamente por isso devemos ficar atentos à qualidade dos nossos pensamentos na fase regida pelo Cavaleiro de Espadas, a fim de que saibamos se estamos realmente dispostos a levar a sério alguns planos e projetos formulados por nossa mente ou se teremos só uma empolgação inicial deixando tudo de lado depois, quando passar nosso entusiasmo com a novidade.

Nas relações humanas, o aspecto luminoso do Cavaleiro de Espadas se apresenta como aquele(a) amigo(a) fiel e para lá de impetuoso(a), que todo mundo tem, e quando estamos mal ou sendo oprimidos por algo, aparece sem aviso, saltando do nada com seu cavalo e investindo furiosamente contra os nossos inimigos.

Já seu aspecto sombrio o torna um verdadeiro *Cavaleiro das Trevas*, cheio de malícias, traições, dissimulações, maquinações e maledicências, com o qual é bom tomarmos cuidado e estarmos sempre atentos.

E como saber quando estamos lidando com a face luminosa ou com a face sombria do Cavaleiro de Espadas?

Basta ficarmos atentos às entrelinhas em meio às palavras e aos atos dos indivíduos ao nosso redor, pois as pessoas Virtuosas e de confiança se denunciam muito mais por suas ações e exemplos benéficos do que por suas palavras; já as pessoas maldosas e de índole falsa traem a si mesmas em meio às lisonjas desprovidas de sinceridade, promessas que jamais serão cumpridas e pobres discursos demagógicos cheios de hipocrisia.

O Cavaleiro de Espadas dá as boas-vindas aos novos tempos em nossa existência, ainda que possam ser tempos de relâmpagos, trovoadas e ventos fortes: o importante é Viver essa grande aventura chamada Vida, e isso não se dá sem termos Coragem para assumirmos certos riscos de vez em quando.

A RAINHA DE ESPADAS

Palavras-chave: *julgamentos frios, oriundos de fatos inquestionáveis; trabalho bem coordenado entre intuição e razão; assertividade nos conselhos e contundência nas palavras; dignidade que não se coaduna com a mediocridade; cuidado com a falta de ética, que pode ser o começo da derrocada; atenção às confusões mentais e à falta de discernimento; não hesitação em tomadas de decisões que não voltam atrás; recompensa da lealdade.*

A Rainha de Espadas tem relação com o Arcano Maior da Justiça. Entronada nos céus, Ela é Santa Bárbara e também nos recorda de Iansã, Senhora dos Ventos, Rainha das Tempestades e dos Relâmpagos.

Esta Soberana de Vayuarian é uma mulher de personalidade forte e decidida, com uma mente e uma visão para assuntos administrativos que culminam na desintegração da burocracia que pode atrasar os auxílios sociais tão necessários às pessoas mais carentes do Reino.

Entre todas as soberanas dos Quatro Naipes, A Rainha de Espadas é a que possui a mente mais afiada e a percepção mais aguçada no tocante a pessoas, circunstâncias e situações.

Tentar enganá-la é autoiludir-se, pois a Rainha de Espadas sabe tudo o que acontece em seu Reino, na sua Família e em meio à sua "*profissão de reinar*", pois ela não fica sentada em seu trono desfrutando dos confortos da corte, muito pelo contrário: com a mesma facilidade, ela dá ordens domésticas aos empregados de todo o castelo, sabe as cotações e os valores do mercado, do comércio e da produção; ainda conhece o Conselheiro de Guerra do seu Rei, bem como alguns generais que lhe têm respeito por saberem que, se necessário, sua Rainha não se faria de rogada se fosse preciso vestir uma armadura, montar em um cavalo e brandir uma espada para defender o Reino.

A Rainha de Espadas mescla em suas visões tanto o que capta em nível emocional como o que processa rapidamente em seu mental privilegiado, oferecendo soluções práticas e inquestionáveis em razão do bom senso e do afiado discernimento com os quais elas são formuladas.

Disposta a ouvir os que se dirigem para o Salão do Trono em busca dos seus conselhos e da sua Justiça, após a Rainha emitir o seu veredicto a respeito de uma questão, o que se ouve é um grande silêncio, pois questionar suas decisões e determinações não é algo nada aconselhável a fazer. Ela tem o poder de calar as pessoas com seu olhar, e fazer com que os falsos confessem suas mentiras e armações com um simples levantar de sobrancelhas ou o franzir de sua testa.

Quando se torna inimiga de alguém, seus desafetos começam a pedir aos Deuses que enviem o Rei de Espadas como seu inimigo, por saberem que ele será mais misericordioso do que sua esposa caso percam a batalha. A Rainha de Espadas não desembainha sua espada à toa e esta não volta para a bainha sem antes fazer Justiça ou beber o sangue dos inimigos.

Se a Rainha de Espadas veio até a consulta para nos receber no Salão do Trono, é hora de aprendermos com ela a como sermos mais fortes, diretos e claros na exposição das nossas opiniões e dos nossos juízos, a fim de que não restem dúvidas a respeito de quem somos e a que viemos.

Não devemos aceitar em "nossa Corte" os falsos, bajuladores e lisonjeiros, muito menos os que já nos traíram ou aprontaram conosco uma vez. Essas pessoas merecem a ausência da nossa presença no tocante a qualquer atividade na qual pretenderem envolver o nosso nome, cujos seus lábios não são mais dignos de pronunciar.

A Rainha de Espadas nos adverte de que quando a confiança é quebrada não é mais possível confiar nos que não foram dignos de preservá-la, devendo eles permanecerem fora de nossas vidas até o final da nossa presente encarnação.

Uma vez em consulta, a Rainha de Espadas nos alerta sobre o perigo de não andarmos dignamente pela Vida com Ética, Integridade e Caráter, conseguindo com isso adquirir inimigos poderosos que virão em nosso encalço.

Da mesma forma que nos adverte, ela nos adota um pouco como seus(suas) filhos(as) e nos ensina a deixarmos de ser bobos(as) e explorados(as) nas mãos de aproveitadores, dando-lhes a devida resposta que merecem e rompendo totalmente nossas relações com esse tipo de gente tóxica e interesseira.

A Rainha de Espadas, quando a situação assim o pede, rompe com qualquer tipo de hesitação ou dúvida, possuindo um raciocínio claro e transparente e se atendo aos fatos na construção de sua estrada rumo ao triunfo.

Seu trono à altura das nuvens mais elevadas nos orienta para nos colocarmos acima das questões menores, mantendo em nossas mentes nossas metas e objetivos, sem darmos atenção ao que poderia nos distrair com relação a medidas e ações que temos de tomar de forma resoluta, inteligente e decidida, se quisermos garantir as melhores oportunidades de progresso e de sucesso em nossos planos.

O REI DE ESPADAS

Palavras-chave: *capacidades intelectuais surpreendentes; determinação; autoridade; obstinação implacável; discernimento e bom senso na capacidade de julgar; estratégia que leva ao sucesso; cuidado para não se tornar o próprio inimigo poderoso de si mesmo por falta de empatia, frieza e insensibilidade; administração competente.*

O Rei de Espadas trilhou seu caminho até o trono advindo dos campos de batalha e das guerras épicas, que o fazem ser um personagem quase lendário em meio ao seu povo.

Tem suas emoções sob controle, sendo um estrategista formidável e um administrador impecável no tocante a suas responsabilidades, das quais do bom gerenciamento depende a prosperidade do Reino.

Seus conselhos são assertivos, porque O Rei de Espadas vê longe, antecipa os riscos e não se deixa encurralar em armadilhas por falta de cuidado e discernimento.

Quando em uma consulta, o Rei de Espadas nos recorda da extraordinária força dos pensamentos quando eles são focados, concentrados e disciplinados. Quem desenvolve uma mente assim poderosa, baseada em fatos e que não se deixa enganar, muito menos iludir por bajulações, falsas promessas e devaneios sem sentido, pode realmente conquistar o mundo.

Tendo consciência a respeito de suas metas, objetivos e planos, O Rei de Espadas avança decididamente rumo à vitória, batalha após batalha, conquista após conquista.

Ainda que seja um juiz de veredictos inequívocos, sua espada um pouco inclinada indica que ele é um homem de ação e não apenas de teoria. Justamente aquele tipo de homem que se levanta de seu trono para fazer Justiça com as próprias mãos, se preciso for, ou mandar seus comandados para recolocarem as coisas em seu devido lugar, caso surja alguma revolta no seu Reino.

Em virtude do grande potencial mental do Rei de Espadas, é importante não nos tornarmos críticos demais e afeitos a uma visão cartesiana da Vida, analisada unicamente de acordo com critérios objetivos e materialistas, o que poderia nos tornar soberbos, frios, duros e ardilosos. Quando este Rei não busca equilibrar sua razão com os atributos do Coração e da Alma, ele se torna um inimigo implacável, terrível e vingativo.

Com O Rei de Espadas reinando em uma consulta, faz-se necessário o equilíbrio entre estratégia e inspiração, acrescido da lembrança de que a desconsideração das necessidades emocionais torna o gênero humano menos nobre e distanciado da Realeza Divina de sua Essência.

O Rei de Espadas sabe que sua verdadeira Força não está no número de inimigos que foram mortos ou capturados em meio a batalhas, graças às suas infalíveis estratégias, mas na Sabedoria aliada ao Amor que lhe permitiu poupar Vidas, fazendo-se admirar até por seus adversários.

Quanto maiores e plenos os nossos poderes, também podemos ser melhores seres humanos, justos, nobres e conscientes a respeito do fato de que o Real Poder não necessita se autoproclamar ou se impor: É um Poder Moral conquistado após décadas de batalhas e da lapidação das arestas do próprio ser, promovida pela Espada de dois gumes, um representando o Rigor e o outro a Misericórdia.

APAS-ZENDRESH – OS REINOS DA ÁGUA
NAIPE DE TAÇAS

Desde as delicadas nascentes que se originam no topo dos mais altos penhascos e montanhas, passando por rios de correntezas poderosas, impossíveis de se cruzar em épocas de cheia; nos plácidos lagos onde o Céu contempla sua face; nos véus com centenas de metros de altura de majestosas cachoeiras; no doce murmurar dos riachos serpenteantes em meio à floresta; até a chegada a oceanos e mares de profundezas abissais com seu ir e vir de ondas, cujas alturas podem rivalizar com as muralhas mais altas dos castelos construídos pelos humanos, reside a glória de *Apas-Zendresh*: Os Reinos da Água.

Na superfície das águas e ao sabor das marés, singram desde pequenos e ágeis escaleres comerciais até galeões abarrotados de riquezas saqueadas por ferozes e engenhosos corsários, piratas e bucaneiros, os quais impõem seus domínios marítimos pela força dos canhões, aquartelando-se em meio a verdadeiras fortalezas erigidas em estratégicos arquipélagos e escondendo seus tesouros em ilhas nem sempre desertas, coalhadas de armadilhas naturais, sendo as tribos de caçadores de cabeças um perigo real e imediato a ser temido pelos que se atrevem a desembarcar nessas terras.

As águas fluviais, lacustres e marítimas de Apas-Zendresh abrigam diversas espécies de flora e de fauna aquática, sendo alguns animais, plantas e algas totalmente desconhecidos da humanidade.

Em profundezas oceânicas se encontram reinos submersos, palácios suntuosos, quilômetros de vias com templos misteriosos e cemitérios de barcos que foram a pique em razão de misteriosas e imprevisíveis intempéries climáticas, ou por conta de épicas batalhas navais travadas até o destroçar da última nau.

Nesse vasto Império submarino, vivem Deuses(as) esquecidos(as) que seduzem os *Marinheiros da Fortuna*, tentando-os a realizarem sinistros pactos, por meio dos quais essas Deidades caídas recuperam um pouco do prestígio do seu culto pregresso; uma vez não cumpridos os tratos, arrastam as almas dos incautos para profundezas insondáveis.

Tritões, Telquines, Sereias e Nereidas, verdadeiras musas, cuja beleza inspira as mais requintadas formas de poesias, rimas e versos, comandam uma miríade sem fim de criaturas marinhas. Vivem em meio a esplêndidos castelos, cercados por um nível de luxo, beleza e requinte não imaginado pelo gênero humano. As fronteiras de seus Reinos e territórios são protegidas por orcas, tubarões assassinos e monstros tão sinistros, que a imaginação humana é incapaz de concebê-los. Nesse bestiário submarino, existe um monstro tão terrível e tão temido que os marinheiros evitam falar sobre ele, até em terra seca, com medo de que ele vá caçá-los quando regressarem ao mar, simplesmente por terem sussurrado seu nome: *O Kraken*.

O Naipe de Taças nos falará a respeito do nosso lado emocional. Nele, aprenderemos a lidar com as diferentes manifestações dos sentimentos nas relações humanas. Desde romances de pouca intensidade, passando por avassaladoras paixões, até as Taças vão nos recordar da importância de buscarmos pelo verdadeiro Amor Incondicional que a tudo cura, restabelece e renova.

Também é um Naipe que nos lembra dos recursos ainda insondados do nosso inconsciente e da importância de ouvirmos a voz da intuição, por meio da desenvoltura séria dos nossos potenciais mediúnicos e paranormais.

ÁS DE TAÇAS

O Insight: *"Antes de pleitear o direito de sair em Busca do Santo Graal, verifica se já erigiste um altar para acomodá*-lo *dentro de ti, por meio do reto pensar, do reto falar e do reto agir, acrescidos do Serviço prestado ao próximo, pois muitos foram aqueles que enlouqueceram na busca pela Taça Sagrada, por ter lhes faltado a Luz da verdadeira Fé que provém do nosso interior para iluminar os caminhos dessa Sagrada Demanda"* (A.G.).

O requinte e a beleza do Ás de Taças são estonteantes, e ele revela em seu interior o que se passa com o emocional do ser humano. A despeito do mar mais sereno ao redor da Taça, dentro dela é possível ver ondas mais agitadas em concordância com o significado desta Lâmina, segundo a qual, dependendo de como conseguimos singrar ou não por sobre a diversidade das nossas flutuações emocionais internas, acabamos nos tornando senhores ou escravos de nossas próprias paixões.

A Taça é alusiva aos Mistérios do Santo Graal, um enigma dividido em quatro partes, das quais apenas duas foram dadas ao gênero humano conhecer até o presente momento: (1) O Graal como um objeto físico, sendo conhecido como *A Taça de Arimateia*, que vem sendo alvo de buscas por parte de aventureiros, místicos inspirados e até mesmo por exércitos e Senhores da Guerra, desde a época das Cruzadas e, mais recentemente, como ocorreu na Segunda Guerra Mundial, quando tanto os nazistas como os aliados estavam em uma corrida desenfreada na busca pela Taça Sagrada, uma vez que dos dois lados do conflito haviam lideranças que realmente acreditavam nos poderes do Graal e queriam possuí-lo a qualquer custo, como um objeto de prestígio e de ascendência sobre o adversário; (2) O Graal como uma linhagem sanguínea (*Sangreal = Sangue Real*) relativa aos descendentes do Mestre, Jesus – O Cristo, por meio de sua união com Maria Madalena.

A Artista Barbara Veneziani foi muito feliz em colocar o Graal sobre as águas do mar, uma vez que, segundo a Tradição Cristã Gnóstica Esotérica, o Santo Graal teria chegado ao Sul da França por vias marítimas, onde foi protegido pela misteriosa Irmandade dos *Cátaros* até 1244, quando eles foram perseguidos e quase completamente eliminados pelo Papa Inocêncio III, que considerava o Cristianismo mais puro, gnóstico e primitivo dos Cátaros como uma grande heresia que precisava ser erradicada da Terra a qualquer custo. A Tradição nos fala que os Cátaros teriam confiado a guarda do Santo Graal à *Ordem dos Pobres Cavaleiros de Cristo e do Templo de Salomão* (Templários) antes que Montségur, o último bastião de defesa da Fé Cátara, capitulasse e os Cátaros fossem condenados à fogueira. Após esse episódio, O Graal desapareceu e continua até hoje envolto nas *Brumas do Mistério.*

O Ás de Taças representa o Amor puro e cortês. Estão abertas as possibilidades para se plantar a amizade e se colher o Amor no futuro, acrescidas de Felicidade, bonança, equilíbrio, harmonia e Paz.

A Lâmina tem o poder de suprir a necessidade do gênero humano por aquela estabilidade que buscamos entre a nossa Verdade Interior e as demandas oriundas do nosso exterior. Neste Arcano, unem-se tanto as aspirações da mais elevada Ordem Espiritual como a realização dos desejos mais mundanos.

Sempre foi dito que aquele que bebesse do Santo Graal prolongaria seus dias aqui na Terra, e justamente por isso o Arcano também é um bom augúrio em matéria de saúde e estável convalescença para os enfermos.

Ainda que muitos associem o Ás de Taças à ideia de Amor e romance, faz-se necessário entender que o Amor pode ser entendido, interpretado e vivenciado de diversas formas: cabe ao consulente se questionar a respeito de que tipo de Amor sua Vida necessita agora.

A Taça também pode representar a Fonte da Sabedoria, da Luz, da Vida e do Amor, estando associada à Gnose como Fonte originária de todas as Religiões, Filosofias de Vida e Tradições

Hermético-Esotéricas. A Lâmina traz para a consulta a possibilidade de uma maior proximidade para com a Alta Invisibilidade, a fim de que possamos beber diretamente, na *Gnóstica Fonte*, o Néctar Filosófico que alimenta as Almas em busca de Iluminação.

Com o Ás de Taças se evidenciam as emoções, o Amor e o que existe de melhor no ser humano.

Existe uma real possibilidade de estarmos mais abertos ao Amor para conosco em primeiro lugar, estendendo essa dádiva de amar a Vida, a Natureza e todos os seres que quisermos abençoar com esse Ágape: O Amor Incondicional que a tudo devora, serve ao próximo e aceita a tudo e a todos.

DOIS DE TAÇAS

O Insight: *"O que nos torna belos e atraentes é a nossa capacidade para dar e receber Amor"* (A.G.).

Um lindo casal, formado por uma Sereia e por um Tritão, transmite não só a ideia de romance e de união, como também emana uma sensualidade explícita e desejos há muito contidos que estão prestes a se realizar.

O significado do Arcano depende muito de como o consulente lida com ideias relativas ao Amor, à paixão, à sensualidade e ao desejo.

Para as pessoas ainda imaturas no tocante ao lidar com seus sentimentos, emoções e desejos – e atualmente para ser imaturo parece que não mais existe idade –, o Dois de Taças pode representar, na mente da pessoa, o que ela acredita ser a relação ideal finalmente encontrada. A questão é: Existe relação ideal? Existe ser amado perfeito? Ideal para quem? Perfeito para quem? Quem somos nós em meio ao *Jogo do Amor*?

Por meio das questões citadas no parágrafo anterior, já temos o primeiro ensinamento do Dois de Taças, que nos faz refletir primeiramente a respeito do quanto amamos a nós mesmos, antes de entrarmos nos complexos jogos dos relacionamentos, romances e paixões.

A presença do Dois de Taças em uma consulta é o indicativo da possibilidade de um novo relacionamento. Só nos resta refletir se já nos relacionamos o suficiente conosco, a ponto de conhecermos nossas virtudes, nossos limites, nossas qualidades, nossos defeitos e, a despeito deles, amarmo-nos incondicionalmente, procurando melhorar a cada dia. Quando atingimos este nível de maturidade, estamos prontos para nos relacionar com o outro de forma paciente, tolerante e respeitável: Este é o Amor Ideal, que apenas pessoas maduras e que se amam muito são capazes de dar.

Quem ama a si mesmo tem um poder incrível de atração sobre os outros. Como um oceano, a pessoa transborda sua Plenitude Interior em direção ao próximo. Envia constantemente ondas de acalento, conforto e afeto, e recebe de volta muita Gratidão por parte de pessoas mais conscientes, gratas e felizes por terem sido tocadas por alguém que as amou além das aparências, reconhecendo sua beleza interior, pois já havia se enamorado e se reintegrado à sua própria Essência, o que lhe permitiu reconhecer o mais belo e essencial em seu próximo.

TRÊS DE TAÇAS

O Insight: *"A Vida pede momentos de celebração com as amizades realmente leais que nos acompanham ao longo da presente encarnação. Todos nós somos capazes de compartilhar um Amor genuíno e incondicional quando nos cercamos de pessoas que têm a ver com nossa Real Natureza Divina, e permitimos que elas nos auxiliem em nosso progresso nos mais diversos níveis. Recebido o auxílio e a Dádiva do Companheirismo, é nosso dever retribuirmos*

com Gratidão e incluirmos nossos(as) irmãos(ãs) de Alma e sinceros(as) amigos(as) numa verdadeira Celebração da Vida, da Fraternidade e da autêntica Amizade" (A.G.).

Existem amizades cujos laços são tão fortes ou até mais fortes que os laços de sangue. Nesse tipo de relacionamento, é possível perceber um tipo de sentimento que se iniciou em Vidas pregressas e continua se fortalecendo, encarnação após encarnação.

Quem tem amigos dessa natureza já deve se sentir grato por reencontrá-los em sua presente encarnação, uma vez que a dádiva da Amizade Verdadeira é algo cada mais raro nesses tempos atuais de interesses mesquinhos e questionáveis conveniências.

Três lindas Sereias estão a brindar de bem com a Vida a *Dádiva da Amizade.* Quando suas taças se tocam em meio a entusiasmadas libações, o som da batida delas ecoa por todo o oceano. É um anúncio não apenas do companheirismo existente entre as Sereias, mas também da importância do reconhecimento que devemos àqueles que estão sempre ao nosso lado, tanto nos momentos alegres quanto nos instantes sombrios da nossa Vida.

O Três de Taças traz para a consulta o poder das fraternidades, dos grupos e das comunidades. Também nos fala a respeito de associações felizes, nas quais, mesmo as pessoas estando unidas, têm elas suas individualidades respeitadas.

É realmente uma Bênção, em nível familiar, social, corporativo ou institucional, quando observamos a Vida das pessoas envolvidas nas associações e relações se desenvolvendo em harmônica união.

Com a presença do Três de Taças em um jogo, devemos nos perguntar a respeito de como é o nosso espírito, quando estamos a nos relacionar com os outros, e também questionar o que sentimos em relação ao próximo, quando ele se relaciona conosco.

Quando nos relacionamos com o nosso próximo com o espírito agregador, conciliador e diplomático, só temos a ganhar com esse tipo de atitude, independentemente da pessoa ou do grupo com o qual estivermos interagindo.

Nos clubes, nas empresas, nas associações, nas religiões, nas Fraternidades Herméticas e até mesmo nas Famílias, não existe mais espaço para pessoas de espírito desagregador, que se comprazem em gerar discórdias e criar cizânias. Esse tipo de gente fragmentada e separada de si mesma é altamente desagradável, não devendo se medir esforços para conter suas intenções manipuladoras, falsas e traiçoeiras, com as quais procuram infectar relacionamentos saudáveis com dúvidas, calúnias, mentiras e maledicências. Uma vez descobertas em seus intentos, essas pessoas devem ser expostas às vistas de todos e retiradas imediatamente do convívio do grupo, que não as está a expulsar: Sociedades Secretas, corporações, clubes e instituições não expulsam quem já não tiver se colocado para fora por si mesmo, por não ter compreendido nem nunca desejado realmente se integrar à Fraternal *Egrégora* que se verifica em algumas dessas instituições.

O Três de Taças nos traz motivos para comemorarmos, como o início de um novo relacionamento, um casamento, o nascimento de uma criança ou qualquer outro tipo de bom advento que tenha vindo bater às nossas portas. Mas é importante não nos esquecermos em nossas comemorações de todos(as) aqueles(as) que nos auxiliaram em nosso progresso e, portanto, não devem ser excluídos(as) do nosso sucesso.

Convidar pessoas que nos são realmente queridas para um café, chá, almoço, jantar, Ceias Místicas e Banquetes Ritualísticos, repartir o pão com elas e brindar essa Comunhão Fraternal, tudo isso é um dos encantamentos mais poderosos que alguém pode realizar para solidificar suas relações e fortalecer os laços que nos unem às Almas com as quais a nossa se coaduna e têm juntas uma Missão (Dharma) a cumprir.

QUATRO DE TAÇAS

O Insight: "Preservar e ser grato pelo que se tem, em vez de trocar o certo pelo duvidoso, não é um ato de covardia. É termos discernimento para saber que nem todas as oportunidades estão à nossa disposição, e saber recusar os benefícios por demais vantajosos é sinônimo de Sabedoria: Quando a esmola é demais O Santo desconfia" (A.G.).

Uma Sereia desvia o olhar de uma quarta Taça que surge à sua frente, enquanto olha com preocupação para as três Taças que já possui, considerando se deve aceitar mais uma ou não.

As questões que o Quatro de Taças invoca são: O quanto é demais? Quando se deve parar e reconsiderar em vez de seguir adiante? Por que achamos que nunca é o suficiente?

Tal como a Sereia, muitas vezes não percebemos que já temos tudo de que necessitamos para sermos felizes. Quando começamos a desconsiderar os afetos que nos são oferecidos de forma tão natural e generosa; quando deixamos de agradecer às dádivas de atenção que as pessoas têm nos dedicado, acreditando que é obrigação delas serem atenciosas para conosco, a partir desse momento, convidamos as trevas para adentrarem as nossas vidas.

A quarta Taça que está sendo oferecida talvez seja um teste para que a Sereia não a aceite.

Antigamente, na Irlanda, havia um golpe conhecido pelo nome de "O jarro irlandês": *Irish jug*. Salteadores das estradas costumavam se mesclar aos transeuntes nas tavernas e, quando percebiam algum viajante incauto, se aproximavam dele, mostrando-se muito gentis e atenciosos, dispostos a pagar bebidas acondicionadas em maravilhosos jarros e fornecer dicas preciosas sobre a região. Claro que colocavam algo a mais nessas bebidas, o que levava suas vítimas a um estado de quase inconsciência, sendo que muitas, ao voltarem à razão, haviam sido completamente furtadas.

O golpe do jarro irlandês, criado por humanos ladinos, teria origens folclóricas, sendo contado por gerações para as crianças irlandesas, prevenindo-as para que nunca aceitassem bebidas ou comidas oferecidas pelos seres dos Reinos das Fadas, caso encontrassem algum. De acordo com as lendas, os que aceitavam esses alimentos enfeitiçados podiam ter suas consciências turvadas, caírem em um sono profundo e acordar em um lugar desconhecido, do qual jamais conseguiriam sair. Ainda hoje, o temor de traquinagens por parte de Seres Feéricos na Irlanda é tão real que, em algumas épocas do ano, os irlandeses evitam adentrar e até mesmo passar próximo de certas florestas, nas quais se registram acentuadas atividades associadas aos seres elementais.

A Sereia evita olhar para a Taça, pois esta tem um estranho poder fascinador, e caso ela a toque ou a aceite, poderá ser iludida e acabar caindo em algum tipo de golpe não muito diferente do *golpe do jarro irlandês*. A quarta Taça pode ser uma armadilha deixada por piratas, que estão sempre à caça das Sereias para tentarem obter vantagens, explorando os poderes misteriosos dessas mágicas criaturas.

O Quatro de Taças nos previne a respeito de estarmos atentos com relação à grande variedade de golpes e de escroques que existem hoje em dia, os quais só querem se servir de nossa confiança para tirar vantagens pessoais, nos abandonando ou sendo extremamente ingratos quando obtêm o que estavam querendo:

"Oh, minha jovem senhorita! Tendes certeza de que ireis aceitar a carona desse recém-conhecido jovem, belo e galanteador, que acabastes de conhecer, quando o correto seria regressar para a vossa casa na companhia dos amigos fiéis, leais e dedicados que vos trouxeram para a balada, ou até mesmo pousardes em segurança na casa de algum deles?"

"Jovem senhor! Tendes a certeza de que estais correto em elevar a voz contra vossos pais na defesa dessa bela jovem galanteadora e sedutora que conhecestes não tem um mês, estando

disposto a voltar as costas para os prudentes e sábios conselhos da vossa Família?"

Todo aquele que acha que o Amor dos seus entes queridos e amigos confiáveis, oferecido de forma tão natural e sem querer nada em troca, não é o suficiente, arrisca-se a ser enganado por pessoas vis, falsas e interesseiras, cujo objetivo é abusar da nossa confiança sem dar nada em troca.

O *Canto das Sereias* está por aí. Ecoa em noites nebulosas, quando o melhor é não sair de casa ou deixar a segurança das cabines dos navios para ir ver o que está acontecendo.

O golpe está aí: cai quem quer.

CINCO DE TAÇAS

O Insight: *"Quando envolto em lutos, dores, perdas e decepções, evita perderes a ti mesmo de vista. Não busques as soluções fora de ti, muito menos acredita em conselheiros improvisados, muitas vezes os maiores responsáveis pelas quedas que te acometeram. Suspira tudo o que tiveres que suspirar, chora tudo o que tiveres que chorar e lembra-te de que teu pranto, por mais doloroso que seja, é um indicativo de que ainda estás vivo e que daqui algum tempo estarás curado e pronto para recomeçares tua Vida, partindo agora de alicerces mais sólidos e de bases mais conscientes, cujo sustentáculo é a humildade oriunda das lições aprendidas"* (A.G.).

No Arcano anterior do Quatro de Taças, a Sereia estava hesitante no tocante ao aceitar ou não uma Quarta Taça.

Agora no Cinco de Taças, vemos o resultado desastroso de não saber quando parar, não conter a própria ganância e lidar de forma displicente e não agradecida no que diz respeito ao que já havíamos conquistado.

Cinco Taças maculadas pela cobiça e vazias boiam ao redor de uma Sereia desolada, muito diferente do cenário relativo ao Arcano anterior, onde havia três Taças repletas de Magia e de tesouros, que a Sereia não soube preservar, indo em busca de uma quarta Taça, o que lhe custou as que já possuía e ainda comprometeu o que poderia conquistar.

Como podemos observar, a Sereia já chorou tanto por causa de suas perdas que não lhe restam mais lágrimas, seguindo as Taças vazias ao seu redor.

As Taças de uma Sereia não são enchidas com água comum do mar. Para se ativar os Místicos poderes dessas Taças, elas precisam conter as lágrimas da Sereia. Quando essas lágrimas são de Felicidade ou de Amor, acredita-se que estas sejam um dos ingredientes no preparo do *Elixir da Juventude*, o qual necessitaria ser preparado em meio a um Santuário Místico que abrigaria a *Fonte da Juventude*; ou, então, em meio a um Laboratório Alquímico rigorosamente equipado e preparado de maneira imaculada em nível espiritual, sendo preciso que o néctar obtido da Fonte fosse combinado com a lágrima de uma Sereia, a fim de que por meio dessa combinação se constituísse a milagrosa Panaceia. Um dos raros Alquimistas que chegou perto de obtê-la foi Paracelso que, além de Alquimista, era médico.

Uma Sereia que não tenha mais lágrimas para chorar perde parte do seu encanto e dos seus poderes, até que recupere essa capacidade de se emocionar novamente.

Depois de sofremos traições, desgostos, perdas e até mesmo lutos – ainda mais quando não temos a noção de que não existe morte, mas a Vida Eterna, estejamos nós encarnados ou não –, o mundo parece triste, sombrio e injusto, fazendo com que muitas pessoas acreditem que não há mais um sentido em se Viver, tamanho é o seu desânimo.

Por mais desolador que seja o cenário apresentado pelo Cinco de Taças, a lição a ser aprendida nele nos fala a respeito de aceitarmos as perdas, nos permitirmos ficar de luto e prantear pelos que já se foram, como uma forma de honrá-los e admitirmos com maturidade a nossa parcela de culpa nos relacionamentos que não deram certo, culminando em dolorosas separações.

Com o tempo e até mesmo recorrendo à ajuda terapêutica especializada que pode nos auxiliar significativamente em nosso processo de autocura, as lágrimas de tristeza, culpa, remorsos e mágoas começam a ser substituídas por maturidade emocional, Evolução de Consciência e um novo olhar sobre a Vida, sobre as pessoas e principalmente sobre nós mesmos, o que nos permite recuperar a crença de que dias melhores virão e de que os processos dolorosos pelos quais passamos auxiliaram no tocante ao nosso amadurecimento e fortalecimento, fazendo com que descobríssemos uma Força até então insuspeitada e que só vem à tona quando somos testados ao limite.

O Cinco de Taças não representa o triste final da nossa Jornada aqui na Terra. O Arcano apenas indica a necessidade de nos tornarmos mais humildes, responsáveis e maduros no tocante a nossas escolhas, a fim de que no futuro não sejamos vítimas de nossas paixões e excessos descomedidos, que são os maiores responsáveis por uma Vida totalmente vazia e sem sentido.

SEIS DE TAÇAS

O Insight: *"Sonho que se sonha só é só um sonho, mas sonha que se sonha junto é realidade"* (Raul Seixas).

O Seis de Taças invoca as ideias de inocência, pureza, relacionamentos harmoniosos e um lindo fluxo de Amor sincero, sem subterfúgios ou qualquer tipo de segundas intenções.

Duas doces Sereias Meninas se apoiam, muito mais do que como amigas, como duas verdadeiras Irmãs de Alma.

O tom de nostalgia do Arcano nos emociona, pois nos faz recordar nossa mágica infância com todos os seus sonhos, fantasias, amigos invisíveis, sinceridade a toda prova e uma nova aventura a ser vivida a cada dia.

Nessa época, o impossível tornava-se possível a cada nova brincadeira, a cada novo faz de conta e, em segundos, a menina tornava-se a rainha *fashion* patrocinada pelas roupas e pelas maquiagens de sua mãe. Outras eram princesas que sonhavam com o dia em que o menino mais bonito e, ao mesmo tempo, mais travesso da rua parasse de lhes puxar o cabelo, a fim de que elas pudessem lhes jogar suas tranças, sendo que algumas eram bruxas ou fadas de poderes incríveis a voar pela casa sobre vassouras e que faziam as colheres de pau sumirem da cozinha para virarem varinhas mágicas. Isso sem falar de quantos bichos de pelúcia foram curados e salvos por jovens doutoras e de quantas bonecas foram alfabetizadas por suas professoras mirins.

Os meninos eram os piratas de seus barcos de papel; *cowboys* a domar o Velho Oeste bravio por detrás de seus fortes apaches; cavaleiros montados em seus cavalos de duas rodas de bicicleta; pilotos de Fórmula 1 a descer o circuito da ladeira em seus carrinhos de rolimã; ainda havia os intrépidos astronautas e seus incríveis capacetes de baldes ou panelas, que entravam em seus foguetes de caixas de papelão, rumo a desconhecidos mundos e galáxias muito além da imaginação.

Com o Seis de Taças se faz necessário lembrarmos da nossa Criança Interior, independentemente da idade que tivermos, pois é essa Criança que tem o *Segredo da Fé* que nos faz seguir adiante. E aqui não se está falando de ingenuidade, mas de uma Pureza de Coração, a qual precisa começar a ser vivenciada, para que nos curemos de todo e qualquer tipo de descrença, dúvida, suspeita e dores do passado.

As duas Sereias Meninas nos convidam a estarmos presentes no agora, o único tempo real, e desfrutarmos o melhor da Vida, o melhor das pessoas e o melhor de nós mesmos, na edificação de um futuro que realmente valha a pena e tenha a ver com a nossa Real Natureza Divina.

Não nos apeguemos a um passado que não faz mais parte dessa nova pessoa que nos tornamos a cada dia, quando decidimos levar a Vida com mais leveza, conduzidos por nossas Crianças Interiores, que ainda têm muitas aventuras para viver e histórias para serem contadas.

Somos nós que criamos e fazemos a nossa realidade, e nisso a Força da Imaginação é uma aliada poderosa no tocante a trazer novamente para nossas Vidas a habilidade de sonhar, crer e concretizar nossos mais incríveis sonhos.

Permita-se, e a Felicidade estará consumada e consolidada sob as bênçãos de todo um legado que herdamos dos nossos Antepassados, o qual inclui as doces lembranças que temos de nossa primeira infância, acalentadas em meio aos abraços dos nossos Pais, Irmãos(ãs) e dos nossos(as) Primeiros(as) e Grandes Amigos(as), dos quais nunca nos esquecemos.

SETE DE TAÇAS

O Insight: "[22] *A lâmpada do corpo é o olho. Portanto, se o teu olho estiver são, todo o teu corpo ficará iluminado;* [23] *mas se o teu olho estiver doente, todo o teu corpo ficará escuro. Pois se a luz que há em ti são trevas, quão grandes serão as trevas*!" (Mestre, Jesus – O Cristo – Mateus, 6:22, 23).

Enquanto o Quatro de Taças representou ilusões, golpes e engodos advindos mais do nosso exterior e para os quais é necessário estarmos atentos, o Sete de Taças representa a tendência de algumas pessoas para a autoilusão.

A Sereia olha como se estivesse fascinada para as sete Taças acima de si, e o mais incrível é que elas não separam o conjunto harmonioso formado, a despeito da forte correnteza que existe nessa área do mar.

Mesmo que ocorresse um *tsunami* e varresse tudo ao redor da Sereia, as sete Taças continuariam a pairar estáticas sobre ela. Mas como isso é possível?

A resposta é muito simples.

As Sete Taças não existem: São pura ilusão criada na mente da Sereia, que está a se autoenganar,

E quantas vezes não iludimos a nós mesmos, alguns até ativando perigosamente o seu psiquismo, o que irá fazer com que a pessoa "enxergue" o que não há para ser visto; "escute" o que não está vibrando sonoramente para ser ouvido e assim por diante, numa sucessiva e envolvente sequência de autoilusões, que se ainda não encaminharam a maioria das pessoas que passa por isso para um aconselhamento psiquiátrico, em breve, poder-se-á fazê-lo, porque um psiquismo descontrolado não é coisa com a qual se brinque, sem que advenham severas consequências.

Mentir para si mesmo é sempre a pior mentira, pois esse comportamento faz com que o mentiroso passe a acreditar e a tomar suas mentiras como se elas fossem verdades. Até mesmo é dito que a Arte da Ilusão consiste em quatro elementos:

Tirar o foco da atenção, com relação ao que está realmente acontecendo;

Apresentar uma elasticidade corporal, agregada a uma habilidade e rapidez manuais, quase em nível sobrenatural;

Ter boa figura, carisma, raciocínio rápido e uma fala capaz de acalmar, inspirar, confundir e assombrar, tudo isso ao mesmo tempo se necessário for;

Acreditar que a ilusão que se apresenta, ou que a mentira que se conta, é mais real que a própria realidade e, então, passa a ser possível enganar a qualquer um, mesmo os mais atentos e vigilantes. Entre todos, os céticos e os ateus são os mais fáceis de serem enganados.

Depois de certo tempo contando e crendo nas próprias mentiras, o mentiroso atrai para sua Vida – por conta de sua tônica vibracional nada idônea – pessoas falsas, vigaristas e malandros das mais variadas espécies, que vêm em resposta aos anos de autoengano e de engano ao próximo.

O Sete de Taças mostra a necessidade de nos preservamos da autoilusão, sob pena de vivermos em meio a uma distorcida realidade, que nos impedirá de realizarmos a nossa Missão de Vida (Dharma) escolhida por nós mesmos antes de encarnarmos.

Com a presença deste Arcano em uma consulta, devemos buscar orientação advinda do nosso Mestre Interior e, então, libertos por uma clara visão dos fatos e das circunstâncias atuais da nossa Vida, nos situarmos consciente e coerentemente diante de cada desafio, a fim de fazermos frente a ele sob a luz de uma Consciência elevada e esclarecida.

OITO DE TAÇAS

O Insight: *"Em certas fases da nossa Vida, somos a melhor companhia para nós mesmos. Não é vergonha reconhecermos nossas perdas e nos retirarmos para reencontrarmos a nós mesmos. A solidão só se torna angustiante para aqueles que não se valorizam. Nunca estaremos sozinhos se mantivermos a conexão com os nossos Antepassados e se nos colocarmos na Divina e Poderosa Presença do Deus do nosso Coração e da nossa compreensão, O Eu Sou"* (A.G.).

A Lua é a testemunha silenciosa, não só dos momentos mais hieráticos e de maior Elevação Espiritual pelos quais pode passar um ser humano, como também acompanha o seresteiro em seus primeiros acordes para conquistar sua amada, e mingua tristonha para acompanhar a solitária lágrima do Pierrô que perdeu sua Columbina para o Arlequim, em meio a delírios e devaneios de um Carnaval há muito esquecido no tempo.

No Oito de Taças, vemos uma Sereia solitária sob a luz do luar deixando para trás oito magníficas Taças que ainda guardam um resto de bebida em seus interiores, testemunhas de épocas passadas mais esfuziantes, felizes e celebrativas.

A Sereia está partindo dando as costas para o Reino dos humanos, sem ao menos uma olhadela para trás. Sinal de que pode ter sido muito frustrada, magoada e desrespeitada em sua nobreza de caráter, só lhe restando a partida e o retorno ao seu oceânico hábitat natural.

O Arcano nos fala a respeito de sabermos reconhecer o momento de deixarmos um trabalho, um relacionamento, um local ou uma circunstância da qual nada mais de bom pode ser extraído, por mais que tenhamos tentado e ainda continuemos tentando.

Na vida, existem fases nas quais é impossível não sofrer, se continuarmos repetindo velhos padrões comportamentais e caindo nas mesmas armadilhas de sempre, acreditando que as pessoas ainda podem mudar para melhor. O que é "o melhor"? Será que "o melhor" para o qual esperamos que a pessoa mude não representa o que é melhor para nós, mas péssimo para a outra pessoa?

Precisamos parar de tentar manipular a realidade dos fatos e, até mesmo, manipular as pessoas ao nosso redor, na tentativa de fazer com que todos respondam às nossas conveniências. Simplesmente existem indivíduos que não mudam para melhor nem para eles mesmos, quanto mais para agradar os que estão ao redor. Da mesma forma que há situações que já deram o que tinham para dar, e não adianta tentarmos extrair algo novo de uma situação já tornada envelhecida pelo tempo.

O problema é que nos acomodamos às situações incômodas, aos relacionamentos vazios, às mesmas tarefas e atividades de sempre por uma questão de apego, de conveniência ou porque não queremos abrir mão de uma falsa segurança que já deixou de existir há muito tempo. Infelizmente, por mais que saibamos disso, ainda insistimos em manter teimosamente o que já está comprometido de maneira irremediável.

O Oito de Taças invoca a necessidade de nos retirarmos de certas situações, abrirmos mão de qualquer possibilidade de vitórias, lucros e conquistas, pois se eles não ocorreram até agora não ocorrerão mais, sendo necessário aceitar esse fato de forma consciente e madura

Ouça a voz da sua intuição: Existem convites que nos chegam para serem recusados; Nem todas as oportunidades que surgem são para nós; Nem todos os que se dizem leais, fiéis e amigos(as) estarão conosco na hora da nossa maior necessidade; e justamente para evitar decepções e terríveis frustrações, é melhor nos retirarmos de certas relações e nos afastarmos de determinadas pessoas antes que seja tarde demais.

Uma viagem, um deslocamento para algum retiro, apartar-se por algum tempo dos burburinhos sociais e procurarmos ficar mais em nossa companhia, tudo isso produz um efeito regenerador na nossa Vida.

A Sereia não mais voltará a essa região costeira. Ela deixa para trás suas oito Taças como um sinal da presença dos Seres Elementais nessas terras, em uma época na qual os humanos que nelas viviam tinham as Almas mais elevadas e os Corações mais abertos para toda uma realidade Mágic(K)a. Sua partida é um sinal do que acontece quando o gênero humano deixa de ter Fé, não honra mais seus Antepassados, nem perpetua os antigos ritos, cerimônias e celebrações que eles costumavam fazer para agradecer à Natureza por suas muitas dádivas; e aos Seres Elementais pelo auxílio na pesca e na obtenção de infinitos recursos e riquezas marítimas.

A partida da Sereia nos ensina a não retornarmos a ambientes ou ao convívio com certas pessoas que já se mostraram indignas da nossa Amizade.

Amor, Companheirismo e Amizade não se mendigam, nem podem ser concedidos falsamente. Quando não correspondidos em nosso generoso e sincero compartilhar de sentimentos e de emoções, o melhor a ser feito é nos retirarmos para um isolamento que não é sinônimo de tristeza, dor ou depressão, mas de autocura e respeito por nós mesmos. Quem não nos valoriza o quanto nos valorizamos, merece a presença da nossa total ausência.

NOVE DE TAÇAS

O Insight: *"Felicidade é compartilhar o nosso melhor, sem restrições ou medo de escassez. Quanto mais somos gratos, mais recebemos do Deus do nosso Coração, entrando num fluxo de plenitude e de abundância que vai muito além de qualquer tipo de riqueza material. E então podemos desfrutar do que a Vida tem de melhor, na certeza de que a Gratidão é a grande Fonte provedora dos infinitos recursos Universais, que estão ao alcance das mãos daqueles que os repartem, provendo fartura para todos. Quem assim procede jamais ficará desamparado ou desprovido de recursos"* (A.G).

A Sereia sentada sobre as rochas e saudada por toda a natureza ao seu redor, tendo golfinhos ao fundo que vêm bailar para ela, representa a realização, a plenitude, a autoconfiança, o otimismo e todas as formas de manifestação da felicidade, que tantos almejam, mas poucos encontram, por se esquecerem de que é na candura de um doce sorriso, no sincero abraço acalentador e nas coisas simples da Vida que se encontram as maiores realizações.

O Nove de Taças vem para nos ensinar o quanto é bom saber aproveitar a Vida sem descomedidos excessos, e sermos gratos tanto pelas menores quanto pelas maiores realizações que sempre se apresentam aos que acreditam, nunca desistem dos seus sonhos e compartilham toda essa boa sorte generosamente com o próximo.

A Sereia emana uma intensa luz natural oriunda do seu ser e do seu elevado estado de espírito, sendo um exemplo de caráter e de integridade, estando sempre disposta a inspirar, orientar e guiar com humildade todos aqueles que chegam para desfrutar de sua carismática presença e lhes pedir, humildemente, conselhos para que possam nortear melhor suas Vidas.

Existem pessoas que são assim. Iluminam todo um ambiente quando adentram nele e tem o poder de animar as pessoas com suas palavras inspiradoras, jamais deixando de levar consolo, acalento e carinho aos que estão carentes de sua própria autoconfiança e Luz Interior.

O Arcano também está relacionado ao nosso corpo físico e à consciência corporal que se faz necessária, a fim de que tenhamos muitos anos de Vida e de Saúde Plenas. Na fase regida pelo Nove de Taças, são recomendados exercícios regulares e uma considerável tomada de consciência a respeito de dietas, boa alimentação, tratamentos de beleza, terapias convencionais e alternativas, bem como de tudo mais que possa nos trazer Qualidade de Vida, Paz de Espírito e um sentimento de Gratidão por essa dádiva maravilhosa que é o corpo humano.

A Sereia buscou e encontrou sua Felicidade. É possível ver isso em seu semblante, que parece sorrir em uníssono com toda a plenitude da natureza ao seu redor.

Onde buscamos a nossa Felicidade? O que esperamos encontrar?

Muitas vezes, procuramos bem longe de nós por coisas, pessoas, sensações e experiências de Vida que, em verdade, são mais simples, garantem maior satisfação e estão muito mais próximas do que imaginamos.

Se estivermos atentos e começarmos a contabilizar e agradecer todos os dias pelos motivos que temos para sermos gratos, em pouco tempo veremos o quão realizados, plenos e felizes nós já somos.

Compreenderemos que, quando nos abrimos para essa Vida maravilhosa e nos permitimos experimentar o Milagre de cada novo dia como algo totalmente novo e com potencial para nos fazer reviver nossos mais favoráveis sonhos, esperanças e o melhor que existe em nós, eis a forma mais adequada de reconhecer que a Felicidade é algo a ser vivenciado no único tempo real, o Agora, e não em um futuro distante.

DEZ DE TAÇAS

O Insight: *"Essencialmente, já somos e temos tudo o que necessitamos para sermos Felizes. Concentrando-nos na plena, pura e calma posse de nós mesmos, reconhecemo-nos como O Próprio Deus Emanador, cessam todas as necessidades, carências e sentimentos de falta. Estamos de volta à nossa Real Natureza Divina que é a Plena Felicidade"* (A.G).

O Dez de Taças representa que a Felicidade é real e possível a todos que tiverem aprendido as lições ensinadas nos Arcanos anteriores deste naipe, por mais que algumas lições tenham sido dolorosas.

O Arcano invoca as ideias de um casamento perfeito, uma família abençoada, projetos concluídos com um êxito extraordinário e momentos de lazer, deleite e paz de espírito, destinados a perdurar para sempre nas Almas e nos Corações daqueles que fazem da Felicidade uma filosofia de vida.

Dez Taças coroam esta família de belos seres submarinos, e simbolizam o coroamento de uma Vida bem vivida não apenas pela mãe e pelo pai, mas também por suas filhas que começam a receber valores corretos desde cedo, que lhes garantirão a Felicidade futura.

A questão é: Por que eles estão tão felizes? Por acaso existe algum palácio, riquezas extraordinárias ou a posse de bens materiais de valor elevado que justifique tanta Felicidade?

Não é a resposta à questão formulada anteriormente.

A Felicidade não pode ser atrelada a posses, valores e bens materiais. Da mesma forma que está totalmente desvinculada da ideia de lugares sofisticados, ou experiências diárias de luxo, *glamour* e ostentação, a fim de que se mantenha viva a chama do contentamento.

Desprovidos de tudo, os membros da família simplesmente sorriem, como se dissessem a todos que, a partir do momento em que se encontram as maiores riquezas da Vida no Coração, na Alma serena e iluminada, em meio a uma existência simples e em relacionamentos harmônicos, sinceros e equilibrados, todos os recursos dos Universos visíveis ou invisíveis, manifestados ou ainda por se manifestar, vêm diretamente para as mãos daqueles que emanam uma tônica vibracional de Plenitude Interior em todos os sentidos, não apenas no tocante às questões materiais.

O Dez de Taças representa um estado de Felicidade emocional permanente e que é possível quando, mesmo as pessoas estando unidas, existe o respeito à individualidade de cada um.

Trata-se de individualidades respeitadas em sua Essência e naquilo que possuem de melhor, quando se unem não querem mais se separar. É um benquerer sincero entre pessoas de boa vontade para consigo mesmas e um Coração grandioso batendo de Amor por todos ao seu redor.

Neste Arcano, tudo é belo e a Vida faz sentido.

Depois de vencidas as provas, tanto individuais como coletivas, pelas quais passamos como indivíduos e como Família, se soubermos não perder o nosso foco com relação a metas, ideais e objetivos nobres, nem permitirmos que a nossa Paz Interior oscile no desenrolar dos desafios e dos entraves ao longo da nossa jornada em busca da Felicidade, então seremos recompensados com a plena realização do nosso Ser, que também encontrará seu reflexo na alegria do nosso próximo.

O PAJEM DE TAÇAS

Palavras-chave: *autoconfiança; liberdade emocional; delicadeza e bondade; início de novas relações; alguém sereno e agradável; auxílio para renovar a capacidade de nos relacionarmos; mudanças suaves e envolventes.*

O Pajem de Taças está entre o mais jovial de todos os Quatro Pajens.

Justamente por ter recém-chegado à adolescência, este Pajem tem a sua Criança Interior ainda ativa, por isso seus sonhos são tão lúcidos a ponto de beirarem a realidade e sua imaginação tem um real poder criador.

A liberdade criativa do Pajem de Taças é formidável, e ele a mescla com a predisposição para o estudo e o aprendizado dos poderes intuitivos, tão relacionados à água. Questões relativas ao desenvolvimento de suas potencialidades extrassensoriais, dons psíquicos e assuntos concernentes ao mundo onírico, outras dimensões e Universos paralelos muito lhe interessam.

Com a presença deste Arcano em uma consulta, faz-se necessário que voltemos a nossa atenção para um sentir mais fluídico e natural de coisas, pessoas e circunstâncias. Ele também implica uma maneira mais leve, feliz e descomplicada de nos relacionarmos com o próximo, evitando subterfúgios e segundas intenções.

O Pajem de Taças é disputado por Sereias, Nereidas e Ninfas dos Reinos Submarinos em razão da maneira cortês, cavalheiresca, gentil e romântica com a qual lhes faz a corte. Perguntam-se como ele pode ser tão romântico, acalentador, doce e terno, mas a resposta a esta questão é muito simples: *"Todo(a) aquele(a) que entra em contato, deixa florescer e descobre o Amor por si mesmo(a), que leva ao Deus do nosso Coração, dificilmente será descortês e deselegante no trato com as pessoas, por reconhecer a Essência Divina que também lhe habita o âmago do Ser"*.

A luz que brilha dentro da Taça segurada pelo Pajem e pela qual ele está encantado representa a descoberta do primeiro amor; o Arcano nos traz a possibilidade de reaprendermos a manifestar emoções e sentimentos puros, genuínos e sinceros novamente, a fim de que possamos amar de novo de maneira livre, desimpedida, e não atada a contratos, condições, posses, ciúmes e apegos que desgastam qualquer tipo de relação.

O Arcano pode representar o início de novas relações humanas, que adentram a nossa Vida sem anúncios e de forma inesperada. Dizem que o verdadeiro Amor se manifesta do nada, de maneira espontânea, e quanto mais ensaiamos para dizer um: *"Eu te amo"*, quando realmente temos esse belo sentimento por alguém, menos a declaração parecerá provida do sincero sentimento que dispensa ensaios quando as Almas já se conhecem há algum tempo e seus Corações batem em uníssono.

Os Pajens normalmente atuam como arautos; as mensagens que o Pajem de Taças nos traz dizem respeito à desenvoltura da gentileza, à cortesia e à boa educação no trato com as pessoas. Também nos fala a respeito da inclinação do nosso interesse para temas mais psíquicos, espiritualistas e transcendentais.

Mesmo que às vezes o Pajem de Taças peque um pouco pelo excesso de romantismo, sonho e pouca praticidade, ainda assim é recomendável que desaceleremos um pouco do ritmo frenético de uma existência afoita e neurótica, que muitas vezes não nos permite nem amarmos a nós mesmos, quanto mais dedicarmos a devida atenção ao ser amado, à nossa Família e às coisas que realmente importam nesta Vida.

O CAVALEIRO DE TAÇAS

Palavras-chave: *romantismo; amor e cortesia; ações comedidas e intuídas; manifestação da sensualidade; aceitação das necessidades sexuais; desejos e possibilidades de realização deles; ideais; propósitos; motivação; viver intensamente, de acordo com o que se busca.*

Se quisermos compreender o Cavaleiro de Taças, que representa o *Ideal Romântico da Cavalaria*, precisamos nos voltar para a imagem emblemática de Cavaleiros, como *Galahad* e *Percival*, regressando a Camelot para colocar o Santo Graal nas mãos do Rei Arthur, permitindo que ele recuperasse o seu ânimo, acrescido da consciência de sua Grande Missão de manter a paz e a justiça em seu Reino, que se eternizaria para sempre em contos, lendas e canções entoadas por bardos, trovadores, menestréis e escritores encontrados em todos os povos, épocas e civilizações.

Viver por um *Ideal*, sustentar uma *Causa* e ter uma *Missão de Vida* pela qual estamos dispostos a abrir mão de tudo, a fim de que a Fé, a Esperança, a Caridade e a Justiça jamais deixem de existir sobre a face da Terra: eis o *Grande Espírito Cavaleiresco Universal.*

O Cavaleiro de Taças vem nos convocar para *"A Busca"*.

Seria impensável para esse Cavaleiro viver um dia sem se entregar à sua *Sagrada Demanda*, sem fazer o bem ao próximo e inspirar as pessoas ao seu redor, muito mais por seus exemplos de honra, dignidade e nobreza de caráter do que por palavras que ecoam vazias levadas pelos quatro ventos, quando proferidas por bocas que mais falam do que realizam, e mais se justificam e sentem pena de si mesmas quando as coisas dão errado, em vez de humildemente admitir suas falhas e procurar por sua regeneração com relação às transgressões cometidas.

Esse Cavaleiro nos inspira a lutarmos por nossos sonhos e perseguirmos nossos ideais, mas sempre com os pés no chão, alicerçados em fatos e pistas consistentes, a fim de que nossa busca não se transforme em uma mera e vã fuga da realidade.

Da mesma forma, quando cambiamos para um materialismo excessivo e para práticas reprováveis desprovidas de Moral. Quando tentamos obter a qualquer custo o que queremos sem nos importarmos com os outros ao nosso redor, nem com o desequilíbrio que nossas atitudes impensadas trazem para as pessoas, para a natureza e para a Vida planetária como um todo, o Cavaleiro de Taças surge altivo na nossa frente ostentando o Estandarte da Nobreza de Caráter, a fim de que nos lembremos dos *Valores* e das *Boas Virtudes* que devem reger a nossa *Sagrada Demanda.*

Romântico, sensual e conquistador, o Cavaleiro de Taças fala da importância de buscarmos por relacionamentos com pessoas extraordinárias e que realmente valham a pena serem conquistadas. Mas suas paixões não envolvem apenas a satisfação dos desejos sexuais, muito menos a desesperada necessidade que temos de sermos amados, admirados e queridos pelos alvos das nossas conquistas. Aqui também se está falando de um êxtase que incorpora uma dimensão mística, quase sobrenatural, ao ato de Amar, e que vê no Amor a forma mais potente da Magia.

A fim de que a Vida valha a pena, precisamos incorporar o Amor em tudo o que fazemos e não somente na dimensão do romance e dos relacionamentos afetivos.

Quando o Amor está presente em todos os nossos pensamentos, palavras, ações e projetos, então podemos ter a certeza de que estamos escrevendo páginas significativas, quando de nossa passagem aqui na Terra, que irão inspirar as futuras gerações, como os grandes feitos dos Cavaleiros de outrora continuam nos inspirando até os dias atuais e fazendo com que vivamos até o nosso último suspiro inspirados pelo Amor.

A RAINHA DE TAÇAS

Palavras-chave: *o poder da intuição; imaginação; manifestação de sentimentos; o inconsciente vindo à tona; emoções à flor da pele; acalento e amparo; beleza; maternidade; necessidade de não se perder em devaneios e fantasias; sensibilidade; cura e cuidados; O Sagrado Feminino.*

A Rainha de Taças invoca todo o Poder das Águas e tudo o que é agregado a ele.

É uma personagem que consegue ser encantadora, fascinante, sedutora, acalentadora e perturbadora, tudo isso ao mesmo tempo.

Parteiras, curandeiras, benzedeiras, sacerdotisas, bruxas, freiras conselheiras, terapeutas alternativas, médicas, psicólogas, mulheres de ciências e de letras invocam o forte arquétipo que a Rainha de Taças representa.

O *Sagrado Feminino* está presente neste Arcano e, depois da Sacerdotisa – segundo Arcano maior do Taro –, a Rainha de Taças é quem melhor representa *A Grande Deusa, Senhora, Rainha e Mãe* de coisas que nasceram, estão nascendo e ainda nascerão.

A presença tão aberta e, ao mesmo tempo, tão misteriosa da Rainha de Taças em um jogo nos fala que não ouvir a voz da intuição, na fase em que estivermos sendo regidos por ela, pode representar uma perda de grandes oportunidades e, até mesmo, a não percepção de sérios riscos ao nosso redor que a intuição consegue sempre captar, a fim de que possamos nos proteger de modo apropriado e muito antecipadamente.

Senhora e Rainha do mar, das marés e das correntezas, a Rainha de Taças traz à tona os nossos sentimentos para a superfície, e já não é mais possível fingirmos insensibilidade e reprimirmos as nossas emoções.

O inconsciente é um vasto e desconhecido oceano que a Rainha de Taças vem nos ajudar a compreender melhor, fazendo com que mergulhemos profundamente dentro de nós mesmos, por mais que essa inserção possa ser algo assustador e um pouco caótico num primeiro momento, uma vez que nos acostumamos a apartarmo-nos do nosso interior há muito tempo e nunca mais voltamos para casa.

A Rainha de Taças segura a própria Criação – representada por uma bela Taça – em sua mão direita e nos olha franca e diretamente, como se estivesse a nos perguntar o que estamos dispostos a criar, não nos esquecendo de vincular o Amor à inteligência no ato criativo, a fim de que nossas criações não se voltem contra nós mesmos no futuro.

Essa Rainha também é uma grande mecenas e patrocinadora das artes, da cultura e de tudo aquilo que possa contribuir para com o enlevo cultural da Consciência humana. Devemos nos voltar para os assuntos culturais, artísticos e criativos, não só pelo enriquecimento intelectual que pode advir deles, mas também levando em consideração o grande poder terapêutico e curativo que as artes detêm.

Ainda que a intuição, o inconsciente e os poderes extrassensoriais do subconsciente ditem boa parte do tom deste Arcano em uma consulta, é importante adaptarmos a nossa visão transcendental de nós mesmos e da Vida à realidade do dia a dia, a fim de que não nos percamos em fantasias e devaneios nada práticos, que farão com que os nossos sonhos fiquem distantes da realização.

Com a Rainha de Taças finda o medo de demonstrarmos nossas emoções. Afinal de contas, é pela expressão dos nossos sentimentos que nos fazemos belos diante dos olhos das pessoas.

A Rainha de Taças nos ensina a sentir de verdade; a compartilhar o que existe de melhor em nosso Coração com o próximo; também nos fala sobre a importância de sabermos receber as dádivas de Amor, carinho e afeto oriundas das pessoas ao nosso redor, que realmente se importam com a nossa evolução e Felicidade emocional.

Impossível contemplar essa bela Rainha de Taças sentada em seu trono submarino e não nos lembrarmos de uma Grande

Orixá que todos os brasileiros conhecem muito bem: Iemanjá, *A Senhora e Rainha do Mar*.

Iemanjá, bem como todas as faces de Nossa Senhora e do Sagrado Feminino, representa nossa Grande Mãe.

As Mães são as primeiras que nos ensinam a amar, porque uma Vida sem Amor e sem expressarmos verdadeiramente nossos sentimentos e emoções não vale a pena ser vivida.

Foi o Amor de nossas Mães que nos trouxe para este mundo. Que possamos ter mais empatia pelo próximo. Que vivamos desde a primeira inspiração até o nosso último suspiro em nome do Amor, para que, ao retornarmos ao Plano Espiritual, possamos regressar aos braços da Mãe Universal, da Qual todos nós somos seus amados Filhos e Filhas.

O REI DE TAÇAS

Palavras-chave: *capacidade de dar e fazer o melhor pelo próximo; benevolência; caridade; benemerência; necessidade de não reprimir as emoções; poesia; entusiasmo; capacidades regenerativas; trabalho voluntário; empatia; o Poder do Amor.*

Sentado em seu trono, o Rei de Taças, personificação de Netuno, *O Poderoso Senhor de todos os Mares e Oceanos*, nos aguarda para uma audiência em seu palácio, cuja Atlântida e todos os Reinos submersos e esquecidos representam apenas os jardins e os saguões de entrada.

Os mistérios do mar são tão infinitos, complexos e ainda inexplorados quanto os mistérios dos Sistemas Solares, Galáxias e Universos visíveis ou invisíveis, manifestados ou ainda por se manifestar.

Sempre compassivo, generoso e disposto a ouvir e a aconselhar a todos os que o buscam com um sincero Coração, este *Soberano das Águas* nos recorda da importância de praticarmos a tolerância em nossas Vidas, a fim de vencermos os entraves, os obstáculos e os desafios.

Segurando sua Taça com um certo desdém, o Rei de Taças assume essa postura para esconder um segredo, que o vincula a um importante personagem da Demanda Arthuriana do Santo Graal, *O Rei Pescador*, que seria o último descendente da *Linhagem de Sangreal* e responsável pela guarda da Taça Sagrada.

Este *Rei Sacerdote* tem poderes para curar corpos, mentes, corações e almas, aliviando e redimindo os pecados da humanidade, sendo uma nítida alusão ao Querido e Bem-Amado Mestre Ascensionado, Messias, Avatar e Instrutor do Mundo, Jesus – O Cristo.

Ferido em seu castelo, o Rei Pescador não pode mais se locomover, e aguarda o dia em que um Cavaleiro Justo e Perfeito apareça com a cura que tanto anseia. Quando isso ocorrer, será o sinal de que ainda existe uma chance de Regeneração para a humanidade, se as pessoas se voltarem para o que há de mais Nobre e Sagrado dentro de si mesmas e estiverem dispostas a restaurar este mundo envelhecido, a favor de uma *Nova Ordem Mundial* e de um planeta mais justo, pacífico, sereno e inclusivo, no qual o Amor seja a grande viga mestra a sustentar nossos pensamentos, palavras e ações.

A retirada deste Arcano em uma consulta representa que o Amor está acima de todas as coisas; e que o ser humano deve acreditar mais em si mesmo e em sua capacidade de autocurar-se dos erros pregressos cometidos, bem como de curar todos os que cruzarem seus caminhos pela força do exemplo, da Fé e da bondade.

Muitas vezes, o Rei de Taças é um personagem dual. Tão poderoso por um lado e, às vezes, tão inseguro por outro, quando acha que não tem feito o suficiente e que não tem a capacidade necessária para reverter certas situações. Justamente por esse conflito, esse é o Rei com o qual mais nos identificamos, sendo necessário abandonarmos a nossa falta de confiança sem nos entregarmos aos venenos da soberba, da vaidade e do orgulho. Então, começando pelas pequenas coisas que podemos resolver e deixando com que os bons resultados nos inspirem para provas cada vez maiores e mais adversas, vamos aceitando o fato de que realmente temos uma *Lenda Pessoal* a ser vivida; quando procuramos fazer isso com Amor e abnegação, é tudo de que precisamos para que grandes realizações ocorram em nossas Vidas na fase regida por este Arcano.

O Rei de Taças nos inspira a buscarmos parcerias e a fortalecermos os laços de fraternidade com pessoas que compartilham de nossos ideais, crenças, metas e objetivos.

É importante mantermos equilibrado o nosso lado emocional sem nos deixarmos consumir pela intensa, porém não duradoura, chama da paixão. Da mesma forma, não podemos nos afogar em emoções mal resolvidas, sentimentos mesquinhos e atitudes desprovidas de altruísmo.

Um diplomata nato que sabe represar suas emoções, o Rei de Taças não é insensível às demandas emocionais das pessoas ao seu redor, em nível familiar, social ou corporativo, mas mantém as relações humanas sob controle e sabe se valer da sua autoridade real, a fim de que não se perca na complexidade emocional, o que seria altamente negativo.

O Rei de Taças nos alerta sobre a indolência, a falta de lealdade, a vontade vacilante e os sentimentos confusos e imaturos. Ele nos estimula à prática do sincero Amor que a tudo cura, tudo resolve e a tudo transcende, quando compreendemos que não é o nosso eu instintivo e egoico que ama, mas a evidenciação do nosso Eu Superior, que nos faz ter a consciência de que somos *Canais* para a manifestação do Amor sobre a face da Terra e do melhor de nós para iluminar o nosso próximo.

AGNARIATI – OS REINOS DO FOGO
NAIPE DE BASTÕES

Por meio de embocaduras secretas que levam ao interior de vulcões extintos e inativos, seguindo o curso contrário de rios de lava de vulcões que acabaram de entrar em erupção; por detrás das águas e dos vapores escaldantes dos gêiseres se encontra *Agnariati*: Os Reinos do Fogo.

Somente Altos Adeptos conseguem acessar as dimensões flamejantes de Agnariati, cujos Reinos são completamente desconhecidos pelos não Iniciados nos mais Sublimes Mistérios, sendo essas paragens guardadas por furiosos Dragões, Daemons, Fênix, Salamandras e outras criaturas que nascem, vivem e renascem incessantemente em meio às chamas.

Magos, Alquimistas, Sacerdotisas, Bruxas, Xamãs e Feiticeiros de poderes incríveis pertencentes às mais variadas Tradições Herméticas, Místicas e Esotéricas vivem em castelos, templos, retiros secretos, feudos, vilas e vilarejos, nos quais a Gnose é uma Filosofia de Vida e a Magia é praticada desde os primeiros anos de idade.

Os habitantes de Agnariati não se preocupam com coisas menores, como o dinheiro, pois há muito aprenderam a alterar a realidade e manifestarem tudo de que precisam por meio da Vontade Mági(K)a.

O *status* social não é definido pelo que se tem, mas pelo que Essencialmente se É. Quanto maior o Autoconhecimento, a Sabedoria, a Iluminação, o número de Iniciações e as Epifanias pelas quais uma pessoa tiver passado, maior é o respeito com o qual ela é tratada em meio a essa Mística sociedade.

As leis que regem os habitantes de Agnariati são as Leis Universais e Os Princípios Herméticos, o que lhes permite não cometerem nenhuma transgressão quando se projetam astralmente para outros Mundos, Dimensões e Universos, o que inclui os Reinos de Prithivarian, Vayuarian e Apas-Zendresh.

Nos Liceus e nas Arcanas Academias presentes em todos os Reinos do Fogo, o estudo das línguas mortas e dos alfabetos mágic(k)os faz parte do currículo de formação dos jovens Magistas, bem como a matéria intitulada "*Performance* Teatral Cerimonial", cuja proficiência é obrigatória para evitar orações sem devoção, cerimônias sem sentido, rituais enfadonhos e encantamentos desprovidos da mágic(K)a Vontade, que permite a manifestação do impossível.

Procissões, Danças Circulares, Celebrações Sazonais, Retiros de Silêncio, Cadeias de Cura, Banquetes Ritualísticos, Treinos de Artes Marciais, Yoga e Mentalizações Coletivas, com os mais variados objetivos, ocorrem diariamente em Agnariati, em concordância com uma questão que é ao mesmo tempo uma das máximas mais declaradas entre os Magos: *"O ser humano que não tem pelo menos uma hora do seu dia para dedicar ao Sagrado, que espécie de ser humano pensa ser?"*

Conjurar, invocar, evocar, decretar, banir, mentalizar, transmutar, abrir e fechar Egrégoras são atividades tão comuns aos habitantes de Agnariati como o ato de respirar.

O Naipe de Bastões traz questões voltadas para o Autoconhecimento e relacionadas à Busca Espiritual.

Por meio de seus Arcanos, podemos reavivar nossa Fé, atendermos aos Chamados Espirituais, sermos estimulados a usar mais a intuição e entrarmos em contato com outras realidades para além da manifestada em nosso mundo fenomênico.

Nos Arcanos deste Naipe existem possibilidades excitantes de mudanças repentinas, abertura dos caminhos e transmutação dos aspectos negativos da existência em incríveis oportunidades de manifestação do Dharma (Missão de Vida), visando a uma Vida mais Plena.

ÁS DE BASTÕES

O Insight: *"A única Iniciação que eu recomendo e busco com o maior ardor de minha alma é aquela pela qual podemos penetrar no Coração de Deus e induzir este Coração Divino a penetrar o nosso"* (Louis Claude de Saint-Martin).

No topo de uma montanha, símbolo da Elevação Espiritual, ergue-se imponente o Ás de Bastões, sustentado pela *Misteriosa Mão da Providência Divina.* Esse Bastão, cujo Poder é tão extraordinário, faz do seu portador alguém capaz de realizar os mais inacreditáveis milagres, prodígios, magias e encantamentos, podendo até mesmo influenciar o clima, harmonizar e revitalizar a Natureza quando esta é adulterada, como atestam as folhas verdejantes que brotam misteriosamente ao longo dele.

Cajados, bastões, cetros, varinhas mágic(K)as e baquetas sempre foram símbolos de autoridade, virilidade, força e comando, que fogem das mãos dos desprovidos de Evolução de Consciência, mas se entregam generosamente aos que atingiram o necessário desenvolvimento Interior e Espiritual, a ponto de poderem dispor desse Poder com extrema responsabilidade.

Mais associado à Autoridade Espiritual, sua influência também se faz presente nos planos emocional, mental e material, concedendo ao cliente que o tira uma força diferenciada, que o auxilia a lidar com os obstáculos e as adversidades, independentemente do plano ao qual estivermos nos referindo durante uma consulta.

A presença do Ás de Bastões em uma interpretação representa a necessidade de sabermos receber, com gratidão, uma grande energia que nos é enviada, a fim de que possamos realizar nossas metas, objetivos e projetos, que podem ir desde os mais mundanos e materiais até os mais elevados e espirituais.

Voltarmo-nos para o Autoconhecimento, para a Busca Espiritual e para a Iniciação – uma das palavras-chave do Arcano – é fundamental, uma vez que a Via Iniciática tem por objetivo libertar o gênero humano de certezas arcaicas, pensamentos obsoletos e limitações relativas à perda da autoconfiança, a fim de que seja decretada a morte do nosso velho ser, o que nos possibilita Renascermos como homens e mulheres de Elevadas Aspirações e sincero desejo de nos Reintegrarmos à nossa Fonte Divina, para A Qual apontamos quando começamos a tomar consciência desse Deus do nosso Coração e da nossa Compreensão.

Independentemente da fase de vida que o cliente estiver atravessando, a presença do Ás de Bastões indica que ele pode receber um novo alento, uma dinâmica energia e uma verdadeira renovação que lhe permitam reorganizar sua vida, redefinindo métodos e objetivos agora iluminados pela Luz de uma Consciência Maior, à qual só se chega por meio do Autoconhecimento, da Prece e da Fé esclarecida a respeito de que jamais estamos sozinhos ou abandonados pela Providência Divina, principalmente quando deixamos de reclamar da vida e procurar culpados, e nos atemos a dedicar todos os nossos empreendimentos, projetos e planos à Glória do Deus Emanador, a fim de que Ele abra e ilumine os nossos caminhos.

DOIS DE BASTÕES

O Insight: *"Entre o Rigor e a Misericórdia, eu encontro o meu Centro. E aguardo em serena expectativa, sem jamais me acomodar, o momento de voltar a trilhar O Caminho do Meio, cuja meta de chegada é a Divina Consumação do meu próprio Ser"* (A.G.).

Na torre mais elevada de seu castelo, por entre pétreas ameias, um bem-sucedido e notório Mago contempla os demais castelos e fortalezas ao seu redor, enquanto segura o Mundo na sua mão esquerda.

Ele tem o privilégio de residir na região mais nobre de Agnariati, e desfrutar de um *status* e de um estilo de Vida que poucos privilegiados conseguem atingir ao longo de suas encarnações, sendo que a maioria das pessoas não ousa nem sonhar com esse elevado padrão.

O Mago entre Dois Bastões conquistou tudo. Este Arcano indica que a realização de nossas metas, sonhos e objetivos é possível, até mesmo em um nível nem sequer imaginado por nós. Mas nada nos virá de graça, e os resultados serão frutos do nosso trabalho, esforço, dedicação e mérito próprio, pois qualquer vitória ou conquista obtida de outra maneira não agrega envergadura Moral a conquistadores e vencedores, por mais bem-sucedidos que possam ser.

Curiosamente, mesmo tendo conquistado tudo a que se propôs, o Mago tem um olhar grave e franze a testa enquanto contempla o globo na sua mão, cuja imagem se mescla com as montanhas no horizonte e o distante lago lá embaixo.

Estaria ele saudoso e nostálgico, no tocante aos tempos em que ainda era um Aprendiz de Magia, a sonhar com o dia em que seria reconhecido em meio a Adeptos, Altos Iniciados e Magistas como um igual entre eles?

Acorrem agora à sua mente lembranças de aventuras passadas, enigmas decifrados, desconhecidas terras exploradas, aliados conquistados, perigos suplantados e inimigos vencidos?

Um dos maiores riscos quando finalmente chegamos aonde queremos, atingimos o pleno sucesso e conquistamos as mais épicas vitórias é saber o que fazer com tudo isso e o que fazer depois de certo tempo, quando passa o entusiasmo da realização, e os minutos, as horas e os dias de uma existência sempre igual começam a demorar a passar.

O Dois de Bastões nos ensina que devemos saber aproveitar o sucesso, mas não nos deixar "emparedar" pelo sucesso; o Mago do Arcano já percebeu isso.

Por mais confortáveis, seguras e aprazíveis que sejam algumas fases da nossa Vida, devemos nos lembrar de que vivemos em um Universo em constante mutação, no qual a natureza muda, as pessoas mudam e precisamos mudar também se não quisermos ficar cristalizados no tempo e no espaço, nos tornando arcaicos e obsoletos em meio ao Presente, o único tempo real e que é sempre novo a cada dia para aqueles que não se acomodam nem se apegam ou se deixam iludir por seguranças e certezas.

Quando acreditamos em ilusões, como controle e segurança, deixamos de sonhar com novas possibilidades e passamos a ter uma existência sem novas aventuras, por temermos os riscos envolvidos em novas jornadas e demandas. Esse tipo de crença limitada pode trazer certo tédio para a existência de uma pessoa que começa a viver de nostalgias, por se acreditar sem utilidade ou até mesmo sem as habilidades necessárias para realizar algo novo como fazia antigamente, culminando suas ações criativas e inovadoras do passado no sucesso do qual desfruta no presente momento. Caso essa situação se prolongue, a ideia de uma depressão não é descartável. Por isso necessitamos sempre entender que a realização satisfatória de um projeto, por mais grandioso que ele possa ser, implica desfrutarmos dele por determinado tempo, mas sempre lembrando que a conclusão de um Ciclo em nossas Vidas é apenas o recomeço de um Novo Tempo, em que devemos olhar para o horizonte, após um merecido descanso, à procura de novas possibilidades de expansão, aprendizado e de novas aventuras.

Aproveitemos o sucesso, descansemos e agradeçamos à fase de Vida regida pelo Dois de Bastões.

Nunca nos acomodemos pensando que não há nada mais a ser buscado.

Da mesma forma que o Mago contempla o globo terrestre em sua mão e olha para os horizontes lá adiante, tenhamos consciência de que a nossa Missão aqui na Terra só estará concluída quando tivermos atingido a *Vitória da Ascensão*.

Uma vez descansados e revitalizados pelo Dois de Bastões, olhemos para um espelho e vejamos o quanto ainda nos falta evoluir em nível de Consciência Plena; nos perguntemos onde ainda podemos ser úteis com a nossa Luz, empatia e desejo de servir ao próximo, começando a organizar calmamente nossa próxima Jornada, pois o Dois de Bastões é estação, não eterna parada.

TRÊS DE BASTÕES

O Insight: *"Nossos projetos devem ser edificados sobre uma base sólida, constituída pela conscientização do que viemos fazer em nossa presente encarnação. Quando temos essa consciência, basta confiarmos em nós mesmos e nos cercarmos de pessoas Virtuosas, que se coadunam com a nossa Real Natureza Divina, para que estejamos aptos à concretização e à realização de qualquer sonho"* (A.G.).

Vemos um Mago acompanhado de seu Espírito Familiar, uma Salamandra, (Elemental do fogo) que, chegando ao topo de uma colina sagrada, encontra dois Bastões fincados no solo, aos quais irá juntar o seu próprio cajado, a fim de estabelecer um triângulo, símbolo de estabilidade e perfeição.

O Três de Bastões é muito diferente do Arcano anterior, pois nesta Lâmina o Mago se encontra livre em meio à natureza e fora de qualquer estrutura construída pelo homem, o que indica que sua jornada para explorar novos mundos e viver novas aventuras, planejada no Dois de Bastões, já está em andamento.

A montanha em que o Mago se encontra antigamente era conhecida pelo nome de *Sidhe.*

No vasto panteão, mitologia, contos e fadas que alicerçam o folclore e as tradições dos povos irlandês e escocês, o Sidhe era um local habitado por Seres Feéricos (fadas, elfos, etc.) que, quando devidamente agradados por oferendas, eram benfazejos com os humanos e até os auxiliavam em várias demandas. Já quando não devidamente honrados e profanado seu Solo Sagrado, os Seres Feéricos – que com o passar do tempo passaram a ser conhecidos, eles mesmos, pelo termo Sidhes, sendo que em algumas versões literárias eram até considerados descendentes dos misteriosos e poderosos *Tuatha* Dé *Danann*, Deuses e Heróis divinizados da mitologia irlandesa – podiam se tornar extremamente violentos, ameaçadores e vingativos, sendo por isso tanto adorados e amados como temidos e respeitados.

O Mago sabe da importância do estabelecimento de uma base sólida sobre a qual possa edificar seus planos futuros, justamente por isso traz o seu cajado para o topo da montanha, visando estabelecer um Triângulo Mágic(K)o assim que for fincado na terra, sobre o qual poderão ser evocados vários tipos de Entidades e conjuradas as melhores possibilidades de sucesso vindouro.

O Três de Bastões nos fala sobre a importância de definirmos objetivos claros e persegui-los, apoiados em fatos concretos e bases sólidas.

Também devemos ter consciência de que ninguém constrói seu sucesso sozinho, seja lá em que área for. Precisamos buscar a colaboração de pessoas extremamente competentes em suas áreas de atuação para nos ajudar agora; também devemos estar dispostos a estabelecer parcerias e oferecer o nosso melhor na colaboração com o sucesso alheio.

Como última dica do Arcano, é necessário que saibamos e confiemos em nossos próprios potenciais. Parcerias são importantes, mas elas têm uma chance muito maior de serem bem-sucedidas quando nos bastamos como indivíduos conscientes das nossas habilidades, talentos e capacidades, frutos de anos de aprendizados, estudos e dedicação.

Confie em si mesmo, estabeleça uma base sólida e se alie a pessoas de bem e competentes em seus ofícios, jamais se esquecendo de honrá-las por seu apoio e participação na construção do sucesso comum a todos.

QUATRO DE BASTÕES

O Insight: *"Nunca nos esqueçamos de incluir nos momentos de celebração em nossa Vida todos aqueles que nos auxiliaram a atingirmos nossos objetivos, e os honremos com a nossa Gratidão"* (A.G.).

Abaixo de um caramanchão encimado por dois dragões, rodeado por uma natureza abundante explodindo em Vida, um Mago e uma Sacerdotisa celebram sua recém-estabelecida união e nos convidam para a festa.

Preferiram fazer o seu casamento ao ar livre, simbolizando que seu compromisso não exclui de forma alguma a preservação da liberdade de cada um, a qual não admite ser cerceada, pois só pode existir uma verdadeira união quando, mesmo unidas, as pessoas preservam sua individualidade.

O casal é uma alusão ao *Casal Solar* abordado em diversas culturas, povos e civilizações, nos quais essas *Almas Gêmeas Espirituais* teriam a função de conduzir o progresso da vida das pessoas não apenas num sentido materialista e horizontal, mas também num sentido espiritualista de Evolução da Consciência, elevando o gênero humano a um novo patamar evolutivo.

Exemplos de Casais Solares: Da Atlântida – Os Gêmeos Espirituais; Do Egito – Akhenaton e Nefertiti; Do Cristianismo Esotérico – Jesus – O Cristo – e Maria Madalena; Da Demanda Arthuriana do Santo Graal – Rei Arthur e Rainha Guinevere.

O Quatro de Bastões é um símbolo de estabilidade e de reconhecimento ao trabalho árduo de cada um, que possibilitou uma excelente colheita para todos, sendo momento de celebrar.

Dentro do Paganismo, da Religião Wicca e da Bruxaria, o ritmo de Vida de seus praticantes está vinculado à *Roda do Ano*. Contendo *Oito Sabbats*, que são momentos de poder e de comunhão com a natureza, A Roda do Ano nos ensina sobre a importância de saber como iniciar e encerrar ciclos, e nos fala da necessidade de sempre concluirmos uma estação das nossas Vidas com celebração e Gratidão, jamais deixando de compartilhar nossa boa sorte, nossos resultados e nossa colheita com todos que nos ajudaram a atingir nossos objetivos.

Nesta Vida nem tudo é somente trabalho; devemos encontrar providenciais períodos de pausa e descanso, a fim de podermos dar atenção à família, aos colegas de profissão e a nós mesmos, não havendo melhor forma de demonstrar essa atenção do que reunir as pessoas para celebrar e agradecer por todos os esforços dedicados, seja em âmbito de tarefas domésticas, seja de trabalhos corporativos e institucionais.

O Arcano fala sobre recompensas merecidas que virão, bem como a respeito da necessidade de não dormir sobre os *louros da fama*, como se não houvesse mais nada a ser conquistado. E se isso for Verdade, se tivermos atingido um resultado tão bom que não nos permita divisar num primeiro momento os passos seguintes, então: Ajude o seu próximo a evoluir e a progredir, e que esta seja a sua Missão.

CINCO DE BASTÕES

O Insight: *"A Vida não tem que ser uma constante competição; quem acredita nisso se arrisca apenas a mera e mediocremente existir. Infelizes são os que têm a necessidade egoica de dar a última palavra e, com isso, separar famílias inteiras, romper os laços de amizade e serem condenados a mais absoluta solidão e esquecimento.*

É tão mais nobre estender a mão a quem precisa, compartilhar o nosso melhor, ter humildade para aprender com o próximo e lembrarmos que Ser Humano é abrigar toda a humanidade em nosso Coração" (A.G.).

Como neste Naipe estamos falando do elemento fogo e da Magia, o Cinco de Bastões é um dos Arcanos mais perigosos e que requer nossa total atenção.

O cinco é um número tradicionalmente associado a: energia, dinamismo, movimento, expansão, impaciência e repentinas mudanças que chegam sem aviso, alterando a Vida para sempre. Quando este número tão dinâmico e imprevisível é associado ao Fogo, o mais volátil de todos os elementos e que rege o Naipe de Bastões, podemos estar diante de situações conflituosas, altamente instáveis e prestes a explodir, sendo necessárias cautela e prudência para desviarmos dos fragmentos e não jogarmos ainda mais lenha na fogueira.

Vemos cinco jovens Bruxas impetuosas e precipitadas, tanto em palavras como em ações.

Querendo impressionar os(as) Mestres(as) e provar para o místico povo de Agnariati que já estão prontas para lidarem com os maiores poderes relativos às Ciências Ocultas, as cinco Bruxas se envolveram em uma espécie de competição que agrega desafios cada vez mais ariscados e da qual nenhuma delas sairá vitoriosa.

O Cinco de Bastões nos adverte muito severamente com relação à falta de controle emocional, sendo preciso evitar as armadilhas da ansiedade, da competividade, das discussões, das falsas amizades e das provocações, cuja necessidade egoica de dar uma resposta só traz mais problemas, agressividade e violência para a Vida da pessoa.

As cinco Bruxas já foram amigas quando eram crianças e costumavam brincar juntas, protegiam umas às outras e não havia entre elas o menor desejo de superioridade, poder e influência sobre as demais pessoas. Simplesmente brincavam, se divertiam muito e se apoiavam como verdadeiras amigas/irmãs. A questão é: O que aconteceu? Para onde foi a relação tão harmoniosa de outrora?

Quando as jovens Bruxas começaram a competir para provar o seu valor, nos primeiros desafios e provas ainda se via um pouco de *Fair Play*. Agora, o que se vê entre elas é um completo estado de discórdia e de agressividade, justamente no último desafio, no qual as Bruxas deveriam pensar como uma só, a fim de conseguirem constituir um Pentagrama de Fogo com seus Bastões. Mas, como podemos ver, todas querem ser a líder do grupo, cada uma está tentando chamar a atenção para si, não estão se ouvindo, estão falando ao mesmo tempo e gritando umas com as outras. Se não encontrarem uma forma de trabalharem juntas, o que começou como uma saudável competição poderá levar as cinco jovens Bruxas para o exílio, uma vez que, independentemente das diferenças entre os inúmeros tipos de Magos, Sacerdotisas, Alquimistas, Bruxas(os), Feiticeiros(as) e Místicos que vivem em Agnariati, todos(as) sabem que, em momentos de necessidade e ameaças ao Reino, é hora de deixar as diferenças de lado e atuarem em uníssono, como se fossem uma só Alma, um só Coração, uma só Mente e um só Ser.

Quando o Cinco de Bastões aparece em uma consulta, somos lembrados de que os que combatem fogo com fogo acabam ficando só com as cinzas.

Moderemos nossa ânsia por poder. Evitemos querer sempre ter a razão e prefiramos ter a Paz, que é sempre baseada no reto pensar, no reto falar e no reto agir, que nos permitem debatermos qualquer tipo de assunto ou questão, sem desrespeitarmos o próximo e, principalmente, a nós mesmos.

Às vezes, muita gente se queima porque possui um coração gelado e insensível, que faz a pessoa querer vencer a qualquer custo e encarar a Vida como uma eterna competição. Definitivamente, não estamos aqui para isso.

Nossos maiores adversários somos nós mesmos. Muitas vezes, pessoas que encontramos e que nos fazem oposição devem ser encaradas como espelhos, pelos quais podemos refletir a respeito do que temos feito de nossas próprias Vidas.

SEIS DE BASTÕES

O Insight: *"O verdadeiro Triunfo é encontrado na Vitória daquele que não se perdeu de si mesmo ao atingi-la"* (A.G.).

Triunfo, vitória, conquistas e reconhecimento público são os temas associados ao Arcano do Seis de Bastões.

Vemos uma Bruxa que porta uma vassoura em sua mão direita e um cajado em sua mão esquerda.

Ela triunfou das provas às quais foi submetida, antes de ser escolhida como a *Grã-Sacerdotisa* de sua Tradição. A vassoura que lhe foi entregue simboliza a Grande União entre a Grande Deusa e o Grande Deus, sendo a parte de cerdas relativa ao feminino e o cabo associado ao masculino.

O cajado portado na mão oposta à vassoura representa a autoridade que foi outorgada à Grão-Sacerdotisa, a fim de que ela possa conduzir com Sabedoria e Justiça não somente a sua Tradição, o seu *Coven*, mas também todas as comunidades e povoados ao redor da sua vila.

Não por vaidade, mas sim por uma questão de Missão de Vida que está sendo bem cumprida e por uma questão de bons serviços prestados ao próximo, como é bom quando nossos esforços são reconhecidos. Da mesma forma, como é bom reconhecer e honrar aquela pessoa que fez por merecer o *status* que tem.

O Seis de Bastões indica que os tempos difíceis ficaram para trás, por isso não devemos ficar recordando o que não deu certo, mas nos concentrarmos em tudo de bom que fizemos, bem como em todo o auxílio e incentivo que recebemos para chegar a este momento de glória e realização pessoal.

A verdadeira vitória não se coaduna com sentimentos de orgulho, pretensão e vaidade. Muito pelo contrário: É vencedor(a) todo(a) aquele(a) que vence a si mesmo(a) e, justamente por isso, não se sente superior a ninguém.

Valorizemos as pessoas que realmente acreditam, torcem por nós e se alegram com as nossas conquistas, pois elas são muito raras hoje em dia. Da mesma forma, nos alegremos com as vitórias, tanto de pessoas conhecidas como até mesmo de desconhecidos, que tenham triunfado de maneira ética, proficiente e competente em suas demandas.

Quando nos alegramos sinceramente com o sucesso do outro, trazemos toda essa boa energia do momento da conquista e do triunfo para as nossas Vidas.

O reconhecimento público pode atrair inveja e recalques por parte daqueles que, ao invés de fazerem por onde para obterem seus triunfos pessoais, só fazem criticar os bem-sucedidos e desprezar suas qualidades e avanços. Não nos importemos com isso, pois ao darmos atenção a quem não merece, acabamos perdendo o nosso foco a respeito do que realmente interessa. Lembre-se: As palavras só têm a importância que nós damos e, dependendo de quem as profere, as palavras não têm importância nenhuma.

Nunca duvide de seus talentos nem se mostre envaidecido por possuí-los, mas que eles sejam sempre, acima de tudo, ferramentas a serem utilizadas no progresso da humanidade e na inspiração do gênero humano.

SETE DE BASTÕES

O Insight: *"A Resistência que faz a diferença neste mundo não é aquela que se opõe ao que está errado, mas sim aquela que nunca deixa de afirmar o que está certo. E o que está certo é sempre baseado em Virtude"* (A.G.).

Vemos um jovem Mago solitário brandindo seu cajado mágico de forma ameaçadora contra seis inquisidores, que vieram para atacar sua aldeia.

Muitos pensariam que o Mago não pode vencer esta luta de seis contra um, mas desconhecem os agressores que o jovem Magista porta um cajado cujos poderes suplantam, e muito, as seis fracas tochas da intolerância apontadas contra ele.

O Sete de Bastões nos lembra de que não há nada a temer quando temos autoconfiança, preparo, habilidade e conhecimento do terreno e das condições sob as quais iremos lutar.

O Mago não apenas irá estraçalhar as seis tochas com um único golpe, como também usará seu cajado para canalizar sua Magia e transformar os que lhe perseguem em seis estátuas de pedra que ficarão na entrada do vilarejo, como um aviso aos que tentarem futuros ataques.

Quando temos força Moral e lutamos imbuídos do senso de Justiça, não há adversário nem artimanhas que possam prevalecer contra nós.

Os inquisidores vieram tentar subjugar o vilarejo do jovem Mago pelo medo, mas não contavam que iriam encontrar sua brava resistência.

A Mensagem do Sete de Bastões é substituirmos o medo que nos paralisa pelo respeito que nos faz avançar com cautela e conscientes dos nossos potenciais, a fim de que possamos vencer todos os adversários, desafios e adversidades.

O Mago, mesmo sozinho, encontra-se em vantagem, pois conhece o território onde lutará, e seus adversários desconhecem sua Fé Inabalável e o quanto a ameaça não o esmorece, mas o faz ficar ainda mais forte e confiante.

O Arcano é um chamado para defendermos as nossas crenças, mesmo quando o mundo diz não.

Não é a força nem os números que importam nas batalhas da Vida, pois a História da humanidade está repleta de exemplos de superação, que provaram que um grupo reduzido ou até mesmo uma só pessoa podem fazer a diferença neste mundo, virar o jogo e mudar tudo para sempre.

Mantenha seus Valores e Virtudes, não perca a Fé, ouse sonhar e prove para si mesmo que o impossível só existe até alguém decidir torná-lo possível.

OITO DE BASTÕES

O Insight: *"Quando somos autoconfiantes sem sermos arrogantes, temos a nossa Alma elevada, o nosso Coração aberto e a nossa Mente voltada para o que é nobre. Passamos a receber orientação direta da Alta Invisibilidade e começamos a decifrar os Sinais ao nosso redor, verdadeiras pistas que podem nos levar à plena Felicidade"* (A.G.).

Em um céu em chamas, uma Bruxa Profetisa vem chamar a nossa atenção para os sinais.

Nos momentos de ansiedade, se fecharmos os olhos em busca da *Visão Clarividente*, harmonizarmos a nossa respiração e ouvirmos a voz da intuição, então seremos guiados por presságios que se manifestam várias vezes ao dia para aqueles que não apenas envergam, mas também sabem *Ver*.

A Bruxa está incendiando o céu para que as chamas transmutem tudo o que é negativo em nossa Vida, enquanto oito vassouras vão varrendo para bem longe todo e qualquer tipo de desânimo ou cansaço.

É possível nos desvencilharmos dos empecilhos, das pessoas inconvenientes e das situações embaraçosas em nossa Vida com a retirada do Oito de Bastões.

Ao analisarmos a cena do Arcano, uma Bruxa montada em sua vassoura e acompanhada por outras sete que parecem ter vida própria, não é algo que se vê todo dia, justamente aí está a *Grande Chave* para manifestarmos em nossa Vida as mudanças tão aguardadas.

Quando tiramos o foco de uma visão rotineira, monótona e enfadonha relativa aos dias que parecem sempre iguais, começamos a reparar em certas coisas que nunca tínhamos notado ao nosso redor e, também, começam a aflorar potenciais advindos do nosso interior e novos talentos, que nunca havíamos suspeitado possuir.

Esta reorganização e liberação de energias de dentro para fora dos nossos seres costumam gerar novas possibilidades de crescimento em nossa Vida, agregadas à abertura de caminhos que até então haviam permanecido fechados, mais por falta de confiança e de Autoconhecimento do que por qualquer outro fator.

Com a autoconfiança renovada, emanamos positivismo, força, garra e coragem para agradecer às pessoas que realmente torcem por nós, e acabamos influenciando até indivíduos desconhecidos, que passam a incentivar o nosso progresso em resposta às vibrações positivas que disseminamos e que influenciam todos ao nosso redor.

A Bruxa Profetisa se manifestou para ampliar a percepção sobre os sinais ao nosso redor e, também, para nos auxiliar na exploração do nosso potencial interior.

Se soubermos aproveitar o poder de transmutação e de mudança de perspectiva que o Oito de Bastões traz, nos desvencilharemos do que nos impede de progredir e os caminhos naturalmente se abrirão.

NOVE DE BASTÕES

O Insight: *"Acreditar em nossa Força Interior, jamais menosprezar nossas conquistas pregressas e reafirmarmos constantemente a nossa Fé nos mantêm firmes diante da dúvida e do medo que assolam boa parte da humanidade.*

Ao substituirmos a palavra medo pelo termo respeito, isso nos permite defender o que acreditamos, e estendermos o mesmo direito de crença e de opinião ao nosso próximo"(A.G.).

Vemos uma resoluta Bruxa montando guarda nos limites de suas terras, auxiliada em sua vigília por seu *Espírito Familiar*, que assume a forma de uma coruja.

Na Mitologia grega, a coruja acompanhava a deusa Atena, por isso esse animal se tornou sinônimo de clareza de visão, juízo e Sabedoria.

Quando necessário, a Bruxa entra em comunhão com sua coruja, de forma que ambas se tornem uma só e o mesmo ser. Então, tudo o que a coruja vê em seu voo, a Bruxa também vê. Tudo o que a coruja ouve também ecoa no ouvido da Bruxa. Isso explica por que a colocaram de sentinela, uma vez que a coruja consegue ver muito além da linha do horizonte que vemos no fundo do Arcano.

O Nove de Bastões representa as pessoas que tiveram de enfrentar muitas coisas na Vida, como traições, preconceitos, injustiças, perdas e maus-tratos. E quando pensaram que essas pessoas esmoreceriam ou se curvariam diante do sofrimento, elas se mostraram resilientes, extremamente fortes e surpreenderam a todos, jamais pensando em desistir em face das adversidades.

A Bruxa sentinela vem nos recordar de que, ao sermos desafiados, jamais devemos tratar com indolência o que ou aqueles que nos confrontam, pois ao observá-los com atenção, é possível prepararmos uma sólida estratégia de defesa. Edificada em conhecimento, fatos, Moral, ética e integridade, nossa defesa será como o rochedo à beira-mar que resiste ao choque das ondas, sem ser demovido da sua posição.

Muitas vezes, acreditamos que não temos mais forças para lutar. Mas é justo em meio à maior exaustão que se apresenta aquela reserva de energia extraída do âmago dos nossos seres e insuspeitados aliados, em sua maioria desconhecidos por nós, que surgem para nos auxiliar. Só então começamos a entender *A Prova* à qual estamos sendo submetidos e renovamos a nossa Fé, compreendendo que nunca estivemos nem jamais estaremos sozinhos.

O Nove de Bastões é um Arcano de força, ímpeto, resolução e coragem que, ao aparecer em uma consulta, nos recorda do que somos feitos e renova o nosso ânimo, a fim de que possamos seguir lutando, na certeza de que cada problema tem a sua solução.

Da mesma forma que a Bruxa sentinela não arreda o pé de sua posição, muitas vezes a melhor estratégia é armazenarmos energia, observarmos as circunstâncias ao nosso redor e reforçarmos as partes menos sólidas e consistentes (os detalhes) das nossas defesas, estando prontos para resistir, independentemente do dia ou do horário da chegada de nossos inimigos e adversidades, que vêm quando menos esperamos.

A prudência sempre ensinou aqueles que triunfavam nas batalhas a deixarem sentinelas e vigias sempre a postos, mesmo depois da vitória, pois nunca se sabia se os vencidos se comportariam com Honra ou se tentariam um último ataque traiçoeiro. Não só podemos, como também devemos aproveitar essa precavida estratégia de batalha oriunda das contendas do passado, nas fases da nossa Vida regidas pelo Nove de Bastões.

O momento de maior escuridão é o que antecede o raiar do sol.

Quando somos testados ao máximo e estamos sendo pulverizados pelos golpes da existência, isso é apenas o indício de que a experiência já adquirida e acumulada das adversidades suplantadas por nós no passado, agregada à Fé e à resiliência que nos fazem lutar além dos nossos limites, irá se manifestar uma vez mais, como um relâmpago saído do nosso interior, o qual iluminará o nosso triunfo e atordoará irreversivelmente todos aqueles que diziam que estávamos perdidos e aguardavam por nossa derrota. Por não nos conhecerem nem saberem pelo que já passamos, verão o quão enganados estavam ao apostarem em nosso fracasso e se cobrirão de vergonha ao não conseguirem encarar nosso sucesso.

DEZ DE BASTÕES

O Insight: *"A origem de toda opressão está na falta de habilidade em dizer não para o que vem de fora e no desejo desesperado que algumas pessoas nutrem de serem amadas, compreendidas e aceitas, o que as leva a se sujeitarem às mais absurdas condições impostas por aqueles que não respeitam nem a si mesmos e, portanto,* não podem dar o que não têm" (A.G.).

Em meio ao *Crepúsculo dos Deuses*, vemos um Guerreiro Poeta sustentando e sendo oprimido pelo peso de Dez Bastões, com os quais ele está tentando fazer uma escultura que lembra vagamente a Runa de Algiz, associada à Proteção.

Muitas vezes, acabamos carregando em nossos ombros cargas que outras pessoas deveriam estar levando, mas que acabaram recaindo sobre nossas costas porque nos deixamos enredar em batalhas que não iniciamos nem nos diziam respeito, aceitando combater em arenas desconhecidas sem termos tido o tempo de nos prepararmos apropriadamente para a contenda. O resultado desse comportamento desprovido de cautela, prudência e bom senso costuma ser o mais épico de todos os desastres em nossa Vida.

A proteção que o Guerreiro visa obter com a formação escultural da Runa de Algiz, caso advenha sobre ele, será muito mais no sentido da manutenção do controle emocional, mesmo diante das mais duras perdas, pois muito pouco se pode fazer quando perdemos o controle sobre nós mesmos e deixamos as situações chegarem a um ponto irremediável, no qual estamos exauridos, cansados e esgotados.

O Dez de Bastões nos recorda de que, ao nos comprometermos a fazer mais coisas do que damos conta, corremos o risco de perder até aquilo que já considerávamos garantido ou tínhamos resolvido.

Precisamos aprender a dizer não àqueles que fingem amizade quando lhes convém e só querem se aproveitar dos nossos talentos e da nossa força, se esquecendo de tudo o que fizemos por eles quando se encontram em posição privilegiada.

Com exceção do mitológico Atlas, ninguém é responsável por carregar o Mundo nas costas. As pessoas precisam parar de querer salvar os que não desejam ser salvos e, em hipótese alguma, devem comprometer sua sanidade e seu equilíbrio emocional com causas pouco idôneas, desprovidas de uma normal moral autêntica.

Quanto tempo dedicamos e quanta energia gastamos com atividades e pessoas que não valem a pena? Por que fazemos isso?

Infelizmente, para receberem migalhas de atenção e serem aceitos por uma sociedade a que nada se deve, quantos são os que se sujeitam às maiores humilhações, abrindo mão de sua dignidade?

A pergunta é: Vale a pena?

Por nenhum salário, posição profissional, *status* social ou reconhecimento público vale a pena sacrificarmos a dignidade que temos como Livres-Pensadores, Buscadores da Verdade e pessoas realmente interessadas em usar a presente encarnação para dar mais alguns passos rumo à Vitória da Ascensão.

Lance ao chão tudo aquilo que o oprime, que o desgasta e que impede você de manifestar seu Verdadeiro Eu e cumprir sua Missão de Vida (Dharma) nesta presente encarnação.

Quando nos libertamos de tudo aquilo e de todos aqueles que não têm nada a ver com a nossa Real Natureza Divina, muito menos com nossa *Lenda Pessoal*, aliviamos o nosso fardo (Karma) e recuperamos a liberdade para seguirmos uma *Senda* que escolhemos muitos antes de encarnarmos em nosso planeta, a qual só pode ser percorrida por verdadeiros Peregrinos da Fé em si mesmos, e no Deus de seus Corações e de suas compreensões.

Permitamos que isso aconteça e nunca mais voltemos a nos curvar por nada ou para atendermos às conveniências de alguém. Contudo, estejamos sempre prontos para prostrarmos nossa Alma de joelhos diante do Deus Emanador, para Lhe agradecer por tantas vezes que Ele Tem nos levantado ao longo de nossas encarnações, assim será até que tenhamos atingido nossa Vitória da Ascensão.

O PAJEM DE BASTÕES

Palavras-chave: *boas notícias; percepção aumentada; otimismo; liberação dos medos; ânimo; rapidez; bom humor; variedade; início de novos projetos.*

O Pajem de Bastões é o arauto de proclamações, decretos e comunicados emanados do Rei e da Rainha de Bastões para todos os seus súditos em Agnariati.

De olhar flamejante, coração ardente e Alma iluminada, o Pajem de Bastões, quando aparece em uma consulta, vem para nos inspirar, animar e estimular-nos às realizações do dia a dia, que acabam se tornando detalhes decisivos no curso que leva a grandes vitórias e conquistas da nossa Vida.

Extremamente dinâmico e de espírito volátil, este jovem Mago nos apresenta a *Eterna Chama dos Buscadores da Verdade* que ilumina as veredas que ele tem que percorrer velozmente, às vezes se valendo do seu cajado para abrir portais, a fim de que as mensagens que porta em sua bolsa cheguem rapidamente ao seu destino.

O Pajem de Bastões é um amigo fiel e bem-humorado que esconde seus grandes poderes e profundidade de pensamento, às vezes se fazendo passar pelo palhaço da turma, mas isso é apenas um disfarce.

Ele nos estimula a incessantes pesquisas, estudos e evolução de Consciência. Sua influência faz com que nos interessemos por várias atividades ao mesmo tempo, nas mais diversas áreas da genialidade humana, tal e qual um incêndio que se alastra em sua ânsia por devorar cada vez mais conhecimentos, os quais trata de converter em prática rapidinho, pois teorias que não podem ser aplicadas não lhe interessam nem um pouco.

Seu *sexy appeal* é evidente. O Pajem de Bastões, com seus muitos encantos naturais, é afetuoso, apaixonado e terno, o que explica sua atenção ser tão disputada pelas moças.

Este jovem Mago é a personificação do entusiasmo que nos faz iniciar novos projetos e atentarmos para as boas oportunidades, assim que elas apontam na linha do horizonte, fazendo com que o Pajem dispare em direção a elas, nos levando junto rumo às maiores aventuras da nossa Vida.

O CAVALEIRO DE BASTÕES

Palavras-chave: *intrepidez; coragem; sedução; ousadia; dinamismo; alta* performance*; fúria; aventura; riscos e desafios; boa imagem; negação da rotina; impaciência; cautela; refrear a agressividade; direcionamento energético.*

O Cavaleiro de Bastões é o mais icônico dos Quatro Cavaleiros a galopar pelas rotas que levam aos centros mais hieráticos de Agnariati, preservando essas vias sempre livres e vigiadas contra todos os perigos que atentem contra os peregrinos que estão na Sagrada Demanda em busca da Verdade.

Ele invoca a imagem do Cavaleiro Templário na proteção das rotas que levavam à Cidade Santa, nas quais *Os Pobres Cavaleiros de Cristo e do Templo de Salomão* eram os Veladores a franquear uma segura passagem aos peregrinos.

Quando dizemos que o Cavaleiro Templário é um "Guardião do Caminho", necessitamos compreender toda uma Oculta Simbologia associada a esses termos.

A palavra Caminho, Senda ou Via está associada a uma *Sabedoria Secreta*, cuja função do Cavaleiro Templário é velar para que ela não caia em mãos erradas. O Templário lega essa Sabedoria aos que são dignos de recebê-la, a fim de que os Sinceros Buscadores possam utilizá-la para elevarem suas Consciências, visando à chegada a Jerusalém Celestial: Um Reino que não é deste mundo.

O Cavaleiro de Bastões personifica os Heróis existentes em todas as culturas, épocas e povos.

Extremamente energético e dinâmico, é um desbravador de caminhos, não temendo os riscos e os perigos com os quais terá de lidar ao longo da jornada. Muito pelo contrário, o Cavaleiro de Bastões busca provas e testes cada vez maiores e procura vencê-los com grande publicidade, pois isso ajuda a aumentar ainda mais as histórias que versam sobre ele e que, com o passar dos tempos, acabam se tornando lendas.

Conquistas e aventuras dão sentido à sua Vida, e isso também se aplica ao campo sentimental.

Extremamente cuidadoso com sua imagem, este galanteador Cavaleiro procura cuidar muito bem do seu corpo, tendo um porte atlético e definido. Seu sorriso é uma arma letal de conquista, a qual agrega palavras meticulosamente bem pensadas para envolver, conquistar e seduzir.

Apaixona-se de forma intensa e dominadora mesmo que por pouco tempo, uma vez que a rotina não faz parte de seus planos, pelo menos não antes de uma certa idade, o que o faz não criar raízes e estar sempre em busca de novas conquistas e aventuras românticas.

Quando o Cavaleiro de Bastões chega empinando seu cavalo em nossa consulta, devemos nos perguntar como lidar com ele.

Caso estejamos numa fase rotineira, desanimada e tediosa da nossa Vida, o Cavaleiro de Bastões chega para nos estimular a romper com a mesmice, quebrar paradigmas e iniciar os projetos mais ousados e loucos que já tivemos ao longo de nossa existência, os quais podem ter sido abandonados por falta de iniciativa e de coragem ou porque ouvimos os pessimistas e conformados, que ao não construírem nada de significativo em suas Vidas, acreditam que os outros devam seguir o mesmo padrão de mediocridade.

Na via contrária, caso estejamos agitados demais, "nos achando" um pouco além da conta e sem paciência para lidar com situações e pessoas, é ideal puxarmos um pouco a rédea da nossa empolgação e lembrarmos que um autêntico Cavaleiro jamais humilha ou inferniza a Vida de ninguém.

Quando somos realmente bons, não há a necessidade de ficar alardeando isso para os quatro ventos e, se o fazemos, quer dizer que existe alguém melhor.

Pode ser que tenhamos que nos estabilizar mais em nível material, mental, emocional e até mesmo em nível Espiritual, antes de nos aventurarmos em novos projetos ou cedermos à tentação de correr atrás daquela oportunidade que parece "boa demais". Lembre-se de que alguém tão encantador, carismático e querido quanto o Cavaleiro de Bastões também acaba amealhando sua parcela de falsos amigos, inimigos velados e pessoas recalcadas que gostariam de vê-lo se dar muito mal. Muitas vezes, certas oportunidades surgem para serem recusadas e determinados convites aparecem para serem declinados, sendo eles a confirmação da falsidade de quem os enviou.

Cada um de nós deve saber como lidar com o Cavaleiro de Bastões em nossa Vida.

Convicção, energia, coragem, capacidade, força e dinamismo estão à disposição com a saída do Cavaleiro de Bastões em uma consulta. Só nos resta usar todo esse potencial com humildade, comedimento e bom senso.

A RAINHA DE BASTÕES

Palavras-chave: *cultura; erudição; popularidade; gentileza; forte personalidade; mistério; sensibilidade; consciência corporal; sensualidade; Sabedoria aliada à juventude; vontade; intuição.*

A Rainha de Bastões é uma das personagens mais marcantes deste Naipe por ser tão jovem e ao mesmo tempo tão sábia, a ponto de ser reconhecida como *A Rainha de todas as Bruxas*.

Decidida, corajosa, apta a administrar grandes responsabilidades e assumir sacrifícios em nome dos seus súditos e das causas nobres nas quais realmente acredita, esta Rainha é extremamente bela, cheia de vida e de um carisma hipnotizador que a todos conquista.

Culta e erudita, mandou retirar os adornos ostensivos do seu requintado Salão de Audiências – no qual recebe desde representações diplomáticas dos outros Três Reinos até as pessoas mais humildes e simples do seu próprio Reino –, substituindo-os por prateleiras de muitos metros de altura repletas de Grimórios, Tratados de Magia, Pergaminhos Herméticos, Livros Sagrados de todas as Religiões e tomos dos mais variados temas, a fim de que as pessoas que venham a ter com ela compreendam que os maiores e verdadeiros Tesouros são sempre associados à *Sabedoria das Eras*, à Cultura e à prática aplicação dos conhecimentos adquiridos.

Sempre atarefada e sem tempo para nada, a Rainha de Bastões encanta a todos com sua jovialidade, modos cordiais e capacidade de alternar seriedade com bom gosto, refinamento, humildade e descontração na medida certa.

Dentro do seu Coração, abaixo de sua Coroa e por trás de suas elegantes vestes, encontra-se uma Eterna Menina extremamente madura, revolucionária, encantada pela Vida, e que valoriza os Laços de Sangue, de Fraternidade e de sincera Amizade como ninguém.

Esta mulher de personalidade forte quando é preciso e, ao mesmo tempo, de um Coração doce, sensível e acalentador precisa encontrar um Rei em que possa confiar e que respeite e valorize sua inteligência, cultura e erudição, bem como seus esforços administrativos e filantrópicos, que garantem uma boa qualidade de Vida para todos os habitantes dos Reinos de Agnariati.

A Rainha de todas as Bruxas desconfia dos muito falantes e lisonjeiros, pois intuí a falsidade e a traição a quilômetros de distância, sentindo o perigo no ar com uma considerável antecedência, o que lhe permite se preparar para reverter o feitiço contra o próprio feiticeiro. É inútil tentar esconder-lhe alguma coisa: Ela é daquelas que sonha, intui, tem premonições, ouve vozes, "Vê" e sabe quando algo não está certo.

Quando a Rainha de Bastões aparece em uma consulta, ela nos estimula a sentirmo-nos mais atraentes, belos e conectados à Vida, à Natureza e às pessoas.

Sedutora sem ser vulgar, ela nos traz a consciência do verdadeiro milagre que é o nosso corpo físico, nos estimulando a inteirarmo-nos a respeito do que existe de melhor em matéria de tratamentos de beleza, práticas esportivas, hábitos alimentares e tudo mais que possa valorizar nossa beleza exterior, agregada à nossa *Plenitude Interior*.

A *Regente Entusiasta* quer que confiemos mais em nós mesmos e que, por meio dessa autoconfiança, sejamos como inspiradores faróis a guiar nosso próprio destino, cuja Luz pode servir de inspirador exemplo, a fim de que as pessoas descubram o melhor dentro de si mesmas e se tornem conscientes do quão belas elas são quando resolutamente decidem apenas Ser.

O REI DE BASTÕES

Palavras-chave: *generosidade; exemplo; inspiração; caráter; carisma; brilhantismo; inovação; transmutação; incentivo; confiança; realização; originalidade; pioneirismo; criatividade.*

A Verdadeira Realeza vem sempre vinculada à Sabedoria, como comprovam as emblemáticas Vidas do Rei Salomão e do Mestre, Jesus – O Cristo, *O Rei de Todos Os Reis.*

O Rei de Bastões, Soberano de Agnariati, é o mais generoso entre os quatro Reis, que representam o Poder Máximo de cada Naipe.

Esse Rei não segue caminhos já batidos, nem se orienta por pistas tornadas obsoletas com a passagem do tempo, sendo divinamente inspirado e extremamente criativo, com poderes e recursos que lhe permitem materializar suas aspirações.

Com seu entusiasmo, torna-se o líder carismático em que todos confiam e o qual amam seguir.

Sentindo uma dificuldade extrema em ficar parado, em meio a Universos, Galáxias, Sistemas Solares e Planetas que estão sempre em mutação, toma a dianteira e o comando das situações, pois precisa participar intensamente da Vida para se sentir Vivo. E isso nos faz refletir sobre o que temos feito em nossa presente encarnação, nos questionando se estamos aproveitando ao máximo cada minuto da nossa passagem aqui na Terra, antes de regressarmos à nossa origem Espiritual.

Figura cativante e extremamente carismática, mesmo que estivesse desprovido do seu cetro, manto e coroa, ainda assim saberíamos quem ele é, pois sua mística aura de *Dignidade Real* nunca o abandona.

O Rei de Bastões nos chama para assumirmos de vez nossa Missão de Vida, conscientes de que Essencialmente somos Deuses e Deusas. Pena que temos nos esquecido disso e nos comportado como mera coisa criada.

Faz-se necessário um esforço consciente, uma intensa Busca pelo que existe de mais Sagrado dentro de nós mesmos e um sério trabalho de Autoconhecimento, a fim de que possamos elevar a nossa Consciência e conquistarmos a nossa *Coroa*, representada pela abertura do Chakra Coronário (*O Lótus de Mil Pétalas*), conhecido pelo nome de *Sahasrara*. Quando atingimos esse estado de Iluminação tudo passa a fazer sentido, a Vida se torna leve e descomplicada e só queremos evoluir cada vez mais rumo à nossa Vitória da Ascensão.

Sua Majestade, O Rei de Bastões, evita seguir os caminhos mais fáceis e seguros, pois sua Fé é tão descomunal e o Monarca está tão cheio de energia e de autoconfiança, que se atreve a assumir riscos e ousar fazer o que até então ninguém fez.

Este Soberano Mago sabe comunicar o seu entusiasmo às demais pessoas, tornando-as participantes do seu sucesso; quando alguém apresenta alguma ideia boa, ele a banca e confia, pois gosta de sugestões inovadoras e que façam o gênero humano progredir nas mais variadas áreas.

O Monarca de Bastões é uma referência que os outros seguem, imitam e copiam em virtude de sua grande originalidade de pensamento, palavra e ação. Costuma deixar os críticos, os invejosos e os despeitados falando sozinho, e esse é um excelente exemplo a ser imitado por todos nós, uma vez que as palavras têm o valor que damos a elas e, dependendo de quem as profere, elas não têm a menor importância.

Com a presença deste Arcano em uma consulta, vale a pena sermos um pouco mais O Rei de Bastões: Um Soberano Senhor, consciente da validade de seus pensamentos, palavras e ações, que arrisca de forma calculada e lida tanto com suas adversidades como com seus adversários de maneira franca, sincera, justa e leal.

O Método de um Arcano

Dizem e realmente podemos considerar verdadeira a seguinte citação: "O que importa não é a quantidade e sim a qualidade".

Com base nesta singela, porém, mui sábia frase, é que começo agora a falar sobre o que chamo de "O Método de um Arcano".

Os passos:

1 – Procuremos colocar-nos, ou o cliente, num estágio mental de paz e serenidade, que pode ser alcançado por meio de algumas profundas inspirações e expirações, ao som de uma música suave. Façamos este exercício respiratório, de preferência, com os olhos fechados, pois quando os fechamos, entramos em sintonia com o nosso interior, no qual seguramente se encontra a Verdadeira Verdade. A Verdade nunca esteve fora de nós e, mesmo que estivesse, estaria encoberta por uma vasta gama de símbolos e alegorias que somente desvenda aquele que possui a compreensão interna a respeito de si mesmo.

2 – Já com os olhos abertos, tomemos em mãos os Arcanos e os misturemos de forma circular sobre o pano que fica sobre a mesa, sem, no entanto, vermos as gravuras que deverão estar voltadas para baixo. Caso queiramos, também podemos misturar os Arcanos como quem embaralha as cartas de um baralho com ambas as mãos, não havendo aí a necessidade de os Arcanos tocarem a toalha.

3 – Terminado o processo de embaralhamento ou, mais corretamente falando, mistura dos Arcanos, formemos um bolo único de cartas; ainda com as gravuras viradas para baixo, cortemos esse bolo separando-o em duas partes, colocando a parte inferior sobre a superior, formando assim novamente um bolo

único. Ex.: Se cortamos para a direita, dividindo o maço em duas partes, a parte que ficou sobrando à esquerda se posicionará sobre a metade à direita ou vice-versa, para compor novamente um bolo único.

4 – Formado o bolo único (figura 1), em seguida o abramos as cartas formando um leque (figura 2) à nossa frente sobre a toalhinha que cobre a mesa.

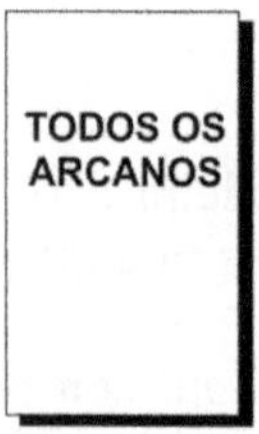

Figura 1

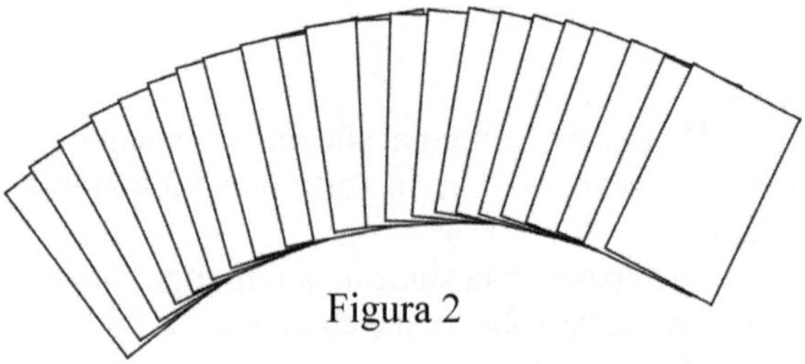

Figura 2

Após isso, mantenhamos a nossa mente serena por alguns segundos e concentremo-nos na questão para a qual buscamos uma resposta. Passados alguns momentos de concentração na questão específica, comecemos a passar a mão direita ou esquerda (isso não importa) sobre o leque e, quando sentirmos que é o momento certo, saquemos um Arcano dele. Não nos esqueçamos de que mais importante do que obter uma resposta correta, antes que ela venha, é fundamental um correto questionamento. Assim, jamais pergunte coisas do tipo: "Conseguirei tal emprego?"; "Meu amor será correspondido por tal pessoa?"; "Minha saúde vai bem?". Em vez disso, procure colocar as suas dúvidas na forma de uma questão que lhe permita, após recebida a resposta, não permanecer jamais numa posição estática esperando a coisa ocorrer, e sim o faça tornar-se participante das ações que culminarão num bom resultado do seu questionamento. Como exemplo do que foi dito, procure utilizar as seguintes questões:

"A questão é *minha profissão* no momento atual".

"A questão é *meu lado afetivo/emocional* no momento atual".

"A questão é *minha viagem para Nova York* no mês que vem."

Enfim, procure colocar as suas dúvidas na forma de questões e obterá melhores respostas, mais objetivas e diretas. Não se esqueça de incluir na questão o tempo que você deseja checar sempre no final dela, pois caso contrário, não saberemos se a resposta obtida se refere ao presente, ao passado ou ao futuro, sendo necessário, antes de sacarmos um determinado Arcano, termos muito bem estabelecido o tempo no ato de questionar.

5 – Após retirado o Arcano do leque, trate de estudá-lo profundamente em todos os seus aspectos, utilizando-se deste e de outros livros, a fim de que possa obter uma resposta salutar que realmente responda o seu questionamento, orientando-lhe sobre a melhor maneira de agir.

O Método da Cruz Celta

Nenhum método é tão querido e popular como o Método da Cruz Celta.

Talvez isso se deva ao fato de esse método representar um dos sistemas mais complexos de interpretação do Tarô, mas, ao mesmo tempo, de entendimento bastante simples e abrangente, tendo por isso a Cruz Celta caído nas graças da maioria dos tarólogos e clientes no mundo todo.

Os Passos:

1 – Em primeiro lugar, sempre temos de cumprir os passos de 1 a 3 que foram citados já no Método de um Arcano.

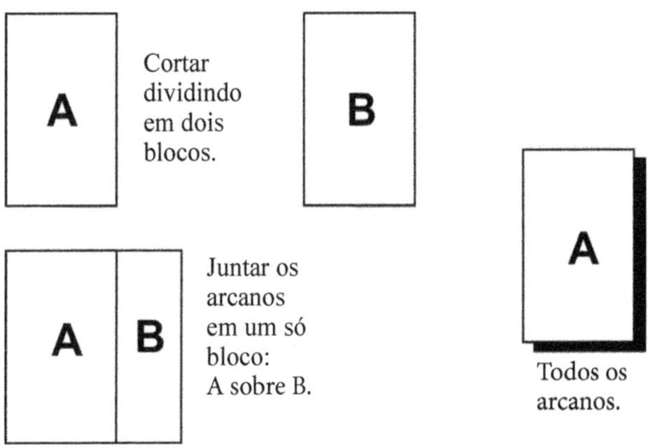

2 – Cumpridos os passos citados, nos atemos à tarefa de sacarmos os Arcanos do maço, estando este devidamente misturado, cortado e aberto em leque, ou em fileira sobre a mesa.

3 – Como vamos trabalhar com dez Arcanos neste método, o importante e termos dez questões apropriadas ao sacarmos esses Arcanos, sem as quais o método poderá tornar-se um pouco confuso. Lembramos mais uma vez que grande parte do sucesso de uma consulta se deve, sobretudo, a um questionamento mental bem feito, antes de sacarmos um Arcano do maço. Cumprido este quesito, é só relaxarmos e deixarmos a consulta fluir, com extrema leveza e naturalidade.

4 – Forneceremos agora o significado das posições que ocupam os Arcanos:

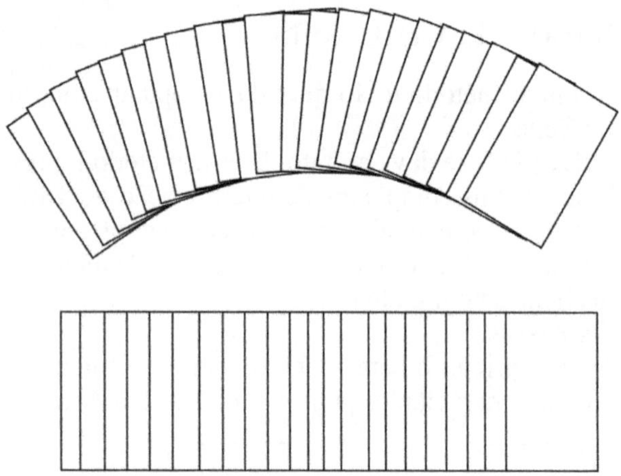

Poderá ser aberto em leque ou fileira

Posição 1: Arcano básico. O presente. A situação para a qual se deseja o vaticínio.

Posição 2: Influências positivas ou negativas que exercem algum tipo de força, segundo o Arcano que foi sacado.

Posição 3: Meus pensamentos conscientes (minha consciência objetiva) a respeito da questão ou do momento presente representado pelo Arcano na posição 1. O que penso conscientemente a respeito da questão para a qual desejo o vaticínio; ou ainda se estamos fazendo a consulta para algum cliente em que está focada no momento atual a sua consciência objetiva a respeito da questão colocada por ele ou, então, a respeito do seu momento atual.

Posição 4: Meus pensamentos inconscientes ou então aquilo que está contido em meu interior com relação ao que foi questionado e que ainda não veio à tona. Se estivermos consultando para alguém, desnecessário dizer que o Arcano nesta posição representará o inconsciente do cliente.

Posição 5: O Passado há um ano, um mês, uma semana, ou seja lá o tempo que queiramos investigar, com relação ao momento atual, ou então com relação a uma determinada questão que já foi colocada na posição 1. Não nos esqueçamos de colocar nesta posição, antes de sacarmos o Arcano que a representará, um bom questionamento mental, envolvendo direitinho o que queremos saber.

Posição 6: O Futuro. As mesmas recomendações citadas na posição 5 valem também para esta posição, em que a única diferença será o fato de estarmos abordando o futuro e não o passado.

Posição 7: Eu mesmo, ou então, o cliente. Como devo abordar o momento atual ou a questão específica.

Posição 8: Os fatores externos. Forças externas a mim ou a minha realidade, que exercem influência sobre a questão, tais como pessoas, situações e coisas do tipo.

Posição 9: Os medos ou esperanças, dependendo do Arcano sacado para representar a posição.

Posição 10: O Resultado, a consequência, a chave, o fim. Este Arcano também pode ser relacionado com o da sexta posição, o qual está ligado ao futuro.

Para formar a Cruz Celta da maneira correta, observe atentamente a figura e treine bastante com este método, pois o seu domínio garante excelentes resultados na Arte da Interpretação.

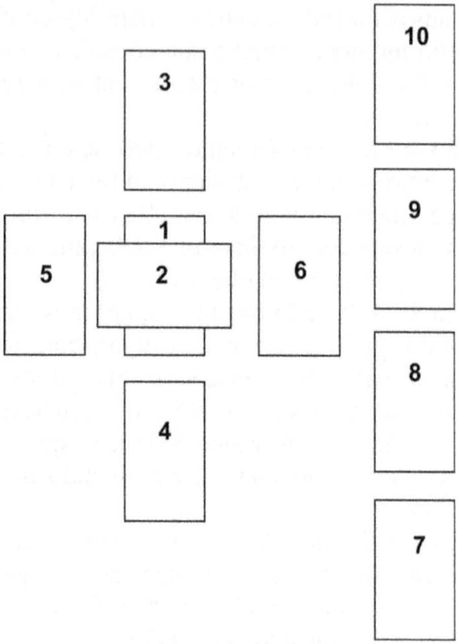

Algumas Palavras a Respeito deste Capítulo

Como o(a) leitor(a) pôde notar, ainda mais se é assíduo(a) comprador(a) de livros sobre o Tarô, citei apenas os métodos de consulta e nenhum exemplo com os Arcanos dispostos nestes métodos.

Isso se justifica, porque não pretendo influenciar o(a) leitor(a) com a minha interpretação pessoal dentro desta ou daquela metodologia; e espero que você procure vivenciar praticamente todos os métodos aqui apresentados, pois por meio da prática é que conseguirá criar a sua linguagem de interpretação, não tendo de se ater aos exemplos de ninguém para isso.

Gostaria de colocar também que este capítulo foi escrito com tanto carinho e dedicação quanto os outros, apesar de ter sido um dos mais difíceis de se escrever. E se digo isso é porque, por mais que tenha me esmerado no ato de escrever este capítulo, tenho consciência de que, por meio dele e seguindo as suas indicações, o(a) leitor(a) conseguirá executar uma boa consulta. No entanto, sei que unicamente métodos contidos em livros não são suficientes para se formar um bom Tarólogo, sendo necessário por parte daquele que almeja este objetivo pelo menos um ano de estudo numa instituição séria, que ministre tanto grupos de estudo sobre o Tarô como sobre a Kabbalah, a Astrologia e a Numerologia, constituindo essas ciências – e mais uma dose diária de infindáveis estudos nas mais diversas áreas – o que diferenciará o real tarólogo daqueles que apenas leram algo sobre o assunto.

Assim, fica a sugestão ao(à) leitor(a) para que procure se aprofundar cada vez mais, pois na chamada área esotérica, quanto mais sabemos, mais isso serve apenas para nos demonstrar o quanto ainda nos falta aprender.

O Fim?

E assim chegamos ao final...

Mas, como escrevemos sobre um Tarô que agrega a expressão *Elo Cósmico* em seu nome, o Fim já se entrelaça a um Novo Começo.

Estudar qualquer temática relativa ao Autoconhecimento e à Espiritualidade faz com que estejamos sempre reiniciando novos ciclos, quando da conclusão dos nossos estudos, pois quando somos tocados em nossas Almas, Corações e Mentes por uma Simbologia tão emblemática quanto a do Tarô, é tendência natural querermos avançar rumo a um novo patamar em nossa constante Evolução de Consciência.

Agradecemos a todos que estiveram e continuarão conosco, Autor e Artista, sempre que manusearem os Arcanos do *Tarô Elo Cósmico* em suas consultas ou os utilizarem para suas práticas de Meditação.

Foi um enorme privilégio poder ter caminhado ao seu lado, Amigo(a) Leitor(a), ao longo destas páginas e dos Arcanos que pavimentam *A Estrada Real da Vida*, *O Livro de Thoth*, conhecido como Tarô.

E Felicidade maior ainda é saber que estamos juntos e, muito provavelmente, nos reencontraremos em futuros estudos relativos a essa Arcana Arte, pois o que nos une é a Eterna Busca pela Verdade.

MADRAS®
Editora

Para mais informações sobre a Madras Editora,
sua história no mercado editorial
e seu catálogo de títulos publicados:

Entre e cadastre-se no site:

www.madras.com.br

Para mensagens, parcerias, sugestões e dúvidas, mande-nos um e-mail:

marketing@madras.com.br

SAIBA MAIS

Saiba mais sobre nossos lançamentos,
autores e eventos seguindo-nos no facebook e twitter:

@madrased

/madraseditora